AF220041

# Rosenwasser

# und die Diamanten der Wüste

Mein Morgenland

Petra Somberg-Romanski

# Rosenwasser

# und die Diamanten der Wüste

Mein Morgenland

## Erinnerungen aus 60 Jahren

## Reiselust

Band II

Petra Somberg-Romanski

# Inhaltsverzeichnis     Seiten

## Libanon 2004

### Beirut

Im Sommer 2004 erfüllte ich mir einen lange gehegten Wunsch und reiste über Beirut durch den Libanon nach Syrien. Ich wollte die Landschaft mit eigenen Augen sehen und die Mentalität der Menschen erleben, die hier seit fünftausend Jahren nebeneinander, manchmal miteinander und viel zu oft gegeneinander, zusammen leben. Israel kannte ich aus meinen zahlreichen Familienbesuchen natürlich, aber über die Grenze habe ich noch nicht wirklich geschaut.

Das Paris des Nahen Osten.
Aus den Geschichtsbüchern und den Erzählungen älterer Freunde hatte ich ein Bild dieser Stadt vor Augen. Sommerliche Atmosphäre unter Weinlaub und Hibiskus. Herrschaftliche Villen mit üppigen Gärten. Feine Hotels an der Corniche der Strandpromenade, direkt am feinen Sandstrand des Mittelmeers.

Gäste aus aller Welt die in teuren Restaurants und kleinen, gemütlichen Tavernen, gutes Esse, guten Wein und das Leben genossen.

Als ich Beirut besuchte war der weltoffene Charme dieser fast europäisch anmutenden Stadt, längst Vergangenheit. Die kriegerischen Auseinandersetzungen, die seit der Gründung des Staates Israel und der Vertreibung der arabischen Bevölkerung im Jahr 1948 die Länder zermürbten, eskalierten im Jahr 1967 als die Terrorgruppe PLO, gestützt durch palästinensische Flüchtlinge aus Jordanien, Israel angriff. Die jordanische Regierung vertrieb daraufhin die PLO aus ihrem Land und begann ein Integrationsprojekt für Flüchtlinge. Diese konnten nun mit allen Rechten und Pflichten Jordanier werden. Trotzdem sind der Wunsch und die Hoffnung auf eine Rückkehr in die Heimat immer noch da. Auch bei den folgenden Generationen immer noch präsent.

Die PLO setze sich nach ihrer Vertreibung aus Jordanien im Libanon fest. Der Libanon hatte kein Konzept zur Integration der Flüchtlinge, die sich jetzt Palästinenser nannten, in ihrem Land. Man hoffte auch von staatlicher Seite auf eine Rückkehr oder eine Zweistaatenlösung zwischen

Israel und der Westbank. Die Menschen lebten in Lagern, quasi zwischen Fronten, dicht an Grenze zu Israel. Unwillkommen auf beiden Seiten, ohne eine richtige Staatsbürgerschaft oder Heimat. Terrorzellen wie Hamas und Hisbollah konnten ungehindert ihre Macht ausweiten. Ein Pulverfass. Zumal es auch unter den Libanesen zwischen, christlichen und moslemischen Gruppen, immer wieder zu Anfeindungen kam. 1976 griff Syrien in den Konflikt ein und entsandte sein Militär in den Libanon. Man befürchtete, dass sich in dem immer wieder aufflammenden Bürgerkrieg, die christlich maronitische Mehrheit mit Israel verbünden könnte. Der Süden des Libanon wurde nicht besetzt. Er blieb in der Hand der PLO, hier etabliert sich ein Terror Regime. Nach einem Terroranschlag in Israel durch die PLO, startete Israel im März 1978 die Operation Litani und besetzte Teile den Süden des Libanon. Musste aber auf internationalen, und besonders auf Druck der Vereinigten Staaten, zurückhalten. Von 1978 bis 1981 kam die Region aber trotzdem nicht zur Ruhe. Syrisches Militär und libanesische christlichen Milizen führten einen Bruderkrieg gegeneinander und mit dem Terror den die PLO in die Welt trug, auch gemeinsam gegen Israel. Die Terrorangriffe im April 1982 in Paris und Tel Aviv. Am 03. Juni in London beantwortete Israel am 04. Juni mit der Bombardierung der PLO Stellungen und beschloss am 06. Juni die Besetzung des Südlibanon mit dem Ziel die PLO zu zerschlagen. Der Libanonkrieg 1982 hatte begonnen, er endete am 12. Juni 1982 mit einem brüchigen Waffenstillstand. Der Friede wollte sich nicht einstellen. Am 16. September 1982 überfielen, unter der Absicherung durch das israelische Militär, christliche Milizen die beiden Flüchtlingslager Sabra und Schatila und richteten ein furchtbares Massaker unter den Bewohnern. Die Opfer waren hauptsächlich Kinder, Frauen und alte Menschen. Die Gefahren des Terrors konnten bis heute nicht beseitigt werden. Die heile Welt am Meer gab es nicht mehr.

Mein Flug ging nach Beirut am frühen Nachmittag traf ich dort meine kleine Reisegruppe. Bei einer Stadtrundfahrt sammelten wir erste Eindrücke. Die Stadt wurde vor den Kriegen das Paris des Nahen Ostens genannt. Auf alten Bildern Beiruts sind die herrschaftlichen Villen zu sehen, großzügig gebaut und umgeben von üppigen Gärten. Sie erwecken den Eindruck, als stünden sie in Nizza oder Cannes. Eine Stadt für die Reichen und Schönen, die hier das süße Leben genießen. Man zeigte was man hatte. Die Corniche, der Strand von Beirut, war ein Ort um zu sehen und gesehen werden.

Als ich nach Beirut kam, war diese Pracht längst vergangen. Die Konflikte und Kriege hatten die Bausubstanz fast vernichtet. Die Innenstadt war zwar wieder aufgebaut, aber der echte Charme war nicht mehr vorhanden. Ruinen und Fassaden an denen die Artillerie Einschüsse noch zu sehen waren, prägten das Stadtbild. Trotzdem war Beirut besonders. Die Musik die aus den kleinen Cafés und Bars drang, klang nicht besonders orientalisch, sondern hatte einen eigenen wehmütigen Charakter und erinnerte an Tango und Chanson. Sehr chic gekleidete junge Frauen und Männer, fuhren im Cabrio vorbei, das unverzichtbare mobile Telefon stets am Ohr. Alles war sehr viel westlicher, als ich es aus den anderen arabischen Ländern kannte.

## Zedernwald

Von Beirut aus ging unsere Reise per Bus weiter über Tripolis und Byblos in den  Norden des Landes. Ausgrabungen aus phönizischer Zeit, zeigen uns wie prägend Besonders Byblos auch für unser Leben war. Hier finden sich Grundalge unserer Schrift. Nicht ohne Grund nennen wir heute große  Büchersammlungen, Bibliotheken. Eines unser schönsten Ziele war der letzte Zedernwald des Libanon. Die Libanon Zeder ist eine Legende, ihr Holz war in der Antike ein gefragtes Handelsgut, besonders Ägypten benötigte es sehr für seine Palast und Tempelbauten und für den Schiffsbau. Die Zedernwälder sind heute fast verschwunden. Aber im nördlichen Skigebiet des Libanon Gebirges gab es einen Wintersportort der „The Cedars" hieß und dort konnten man die letzten Zedern sehen. Ein Skilift führte von hier aus auf die Pisten des Berges Qunat as Sauda-Schwarzes Horn der mit 3088m der höchste Berg des Libanon ist. Wir blieben zwei Tage und wohnten in einem Hotel, das auf dem Bergrücken des Libanongebirges lag und auf Skifahrer eingestellt war. Ich hatte ein sehr schönes Zimmer mit einem großen Balkon und einem unvergleichlichen Blick auf den gegenüberliegenden Bergrücken des Antilibanon Gebirges. Diese beiden Gebirge trennt das Tal der Bekaa Ebene. Es war im April noch kalt und auf den Wegen lag noch Schnee. Aber gut und warm eingepackt und mit heißem Tee versorgt, ließ es sich auch auf dem vor dem Wind geschützten Balkon gut aushalten. Ich ließ den Blick über die kleinen Dörfer in der grünen Umgebung schweifen. Mit ihren weißengestrichen Häusern und roten Dächern könnten sie so auch im Schwarzwald stehen. Jedes Dorf hatte eine Kirche mit einem spitzen Kirchturm und der Wind wehte Glockengeläut zu mir herüber. Der Norden des Libanon ist christliches geprägtes, maronitisches Gebiet. Ich hatte eine kleine Weile so da gesessen, als sich in der Ferne aus südlicher Richtung ein Lindwurm aus dichtem Nebel heran schob. Er füllte bald das ganze Bekaa Tal aus, konnte aber auf unheimliche Weise die Höhe der Bergkämme nicht überschreiten. Ganz langsam schob sich die Nebelmasse durch das Tal. Ein Naturschauspiel das mich nach zwei Stunden auch auf meinem Balkon erreichte. Dicker, fester, feuchter Nebel hüllte mich ein. Er war so undurchdringlich wie weiße Zuckerwatte, ließ aber alle Geräusche, Rufe und Glockengeläut, unvermittelt nah und laut erscheinen. Ich war eingehüllt wie in den Wolken am Himmel. Oben und unten waren nicht mehr zu bestimmen, alles befand sich frei zwischen Himmel und Erde. Langsam und ohne Eile zog der Lindwurm weiter und gab das Tal wieder frei.

## Baalbeek

Zwei Tage später ging es weiter nach Osten, in Richtung Syrien. Wir durchfuhren die Bekaa Ebene, um zu den Ruinen von Baalbeek zu gelangen.

Baalbeek, wer die Buchreligionen verstehen will muss nach Baalbeek reisen. Aber erst muss er Rom, Ägypten oder Israel besuchen, um sich einen Eindruck zu verschaffen, dann kann er die Zusammenhänge der antiken, Denkweisen der Religionen besser verstehen. Baalbeek ist das Highlight der antiken Welt. Im Gebäude des Jupitertempels sind die drei weltweit größten Steine verbaut. 60 Meter hoch sollen seine Säulen sein. Der Altar war in der Antike so groß wie ein vierstöckiges Haus. Das Feuer auf dem Altar soll nie erloschen sein. Der Markt auf dem Opfergaben und Tiere und alles Erdenkliche was die Pilger so benötigten verkauft wurden, war immer geöffnet. Die christliche Bibel beschreibt den Altar und den Baalkult als Teufelswerk. Man kann sich gut vorstellen, wie der erste Eindruck auf die einfachen Menschen aus der Wüste, die noch als Nomaden in Zelten gewohnt haben, gewirkt haben musste.

Ich habe seit meinem Besuch dort in Baalbeek einen anderen Blickwinkel bekommen. In den Ruinen wurde eine Skulptur aus weißem Marmor gefunden, die diesen vielgenannten Gott Baal darstellt. Wer sie gesehen weiß, dass sollte unseres Gottesbildes darstellen. Sie zeigt einen jungen, gutaussehenden Mann mit einem unwiderstehlichen Lächeln auf dem Gesicht. Dieser junge Mann breitet seinen Mantel aus und umfasst darunter mit seinen Armen Tiere, Menschen, Bäume, Blumen und Früchte, die ganze Erde. Anschaulicher kann die Grundlage der drei Weltreligionen gar nicht sein.

## Krak de Chevalier

Weiter in Richtung Syrien. Der Grenzübertritt war erstaunlich schnell und unkompliziert. Viele Gäste wollen nur den Krak de Chevalier, eine der bedeutendsten Burgen aus der Zeit der Kreuzzüge besichtigen. Sie ist wunderbar erhalten. Aber bei näherem Hinsehen bemerkt man, dass sie sehr einfach und ohne jeglichen Komfort da steht. Die Ritter die hier lagerten, wurden als dritte oder vierte Söhne in den Krieg geschickt. Manche besaßen nichts weiter als ihr Pferd und ihre Ausrüstung. Wer einmal die Marienburg, den Hauptsitz der Ordensritter gesehen hat, wundert sich. In der Marienburg weilten zur gleichen Zeit die Großmeister mit Geld und Macht. Sie gönnten sich den gesamten Luxus der Zeit. Zentrale Heizung nach römischem Vorbild. Gute Küche, selbst der Abort befand sich in Zimmernähe, an der Außenwand der Burg, alles Unwichtige fiel von dort sofort in den Burggraben. Aus diesem komfortablen Umfeld schickten sie, im Namen Gottes die vielen jungen Männer in den Tod.

Hinter der Grenze wurde eine Pause in einem Gartenrestaurant eingelegt. Ein junger Mann

begrüßte uns sehr herzlich in deutscher Sprache,
Er hatte eine Zeit lang in Bielefeld gelebt und
kellnerte jetzt in dem Restaurant. Er liebte sein
Land und kam aus dem schwärmen gar nicht
mehr heraus. Das gegrillte Huhn, das er uns
servierte war wie das gesamte Essen
ausgezeichnet und wir wurden immer wieder
aufgeforderte reichlich nachzunehmen.
Schließlich kamen wir ja direkt aus dem Libanon
und dort gäbe es ja nichts zu essen! Aber hier in
Syrien sei alles viel besser und wir würden und
schnell wieder erholen. Und wenn wir erst nach
Damaskus kämen, wollen wir sicher gar nicht
mehr weg.

## Damaskus

Damaskus war ein Erlebnis wie aus tausend und einer Nacht. Der große Bazar die Umayyaden-Moschee mit dem Grab Johannes des Täufers. Die kleinen Restaurationen, in denen noch Märchenerzähler die Gäste unterhielten. Ich lauschte ihnen sehr gern bei einer Wasserpfeife, obwohl ich die Worte nicht verstand, fesselte mich die Geschichten allein durch die die Stimme des Erzählers.

Damaskus mit seinen weißen Häusern, dem riesigen unübersichtlichen Bazar in dem man sich verliert und die Zeit vergisst, weil es hier wirklich alles zu kaufen gibt, was Orient und Okzident anzubieten haben. Es war faszinierend, aber ich liebe nun einmal die Wüste, ich liebe es durch die karge, von der Sonne durchglühten Landschaft zu fahren, die Stille zu genießen, Licht und Wärme aufzunehmen und meinen Gedanken freien Lauf zu lassen.

**Die Wüste lebt**

So sagt man, was dies bedeutet  sollte ich auf einer meiner Reisen in den Nahen Osten, nach Syrien, selbst hautnah erfahren. Ich liebe die Wüste,  ich liebe es, durch die karge Landschaft des zu fahren und zu wandern. Unter einem Felsvorsprung sitzend die Stille genießen, dabei Licht und Wärme aufzunehmen und meinen Gedanken freien Lauf zu lassen.

So war unsere  Fahrt nach Palmyra  der sagenumwobenen  Wüstenstadt der Königin Zenobia für mich ein besonderes Highlight. Ein moderner Bus brachte mich, gemeinsam mit einer kleinen Reisegruppe, sehr komfortabel, in das Dorf am Rande der Ruinenstadt und lieferte uns in einem kleinen orientalischen Hotel ab. Mein

 Zimmer war übersichtlich, eher klein aber gemütlich. Durch ein winziges Fenster blickte man auf eine kleine  lebendige Bazar Straße. Händler und Handwerker gingen hier ihrem

Gewerbe nach, boten ihre Waren an, in dem sie lautstark und mit vielen Worten das umfangreiche Angebot priesen und die Kunden an ihre Stände lockten. Ein quirliger Trubel von fremdartigen Geräuschen und Gerüchen drang zu mir herauf und zog mich in die verheißungsvolle Welt von Tausend und einer Nacht. Noch hatte ich keine Ahnung wie tief ich eintauchen würde.

Unsere kleine Reisegruppe versammelte sich vor dem Hotel, um gemeinsam unter kundiger Führung die Ruinen von Palmyra zu erobern. Es ging zu Fuß die belebte Dorfstraße hinunter zu den Ausgrabungen der alten Königinstadt. Die Besichtigung der Ruinen ist lohnenswertes und lehrreiches Erlebnis. Tempel, Badehäuser, Wohnhäuser gebaut aus goldgelben Sandstein. Man erahnt wie sich die Bewohner einst auf dem riesigen öffentlichen Markt an den Verkaufshallen trafen. Auf die mit kostbaren Marmorböden ausgestatteten Plätze flanierten, Klatsch und Tratsch und neueste Nachrichten austauschten und dabei ihren Geschäften nachgingen. Auf den breiten Straßen rollten die Wagen sicher in den eingelassen Rillen vorbei an den sich in komfortablen Wohnhäusern, die sich hier aneinander reihten. Die Fantasie kann sich hier frei entfalten und Historiker erfährt an jeder Ecke etwas Neues.

### Das Lexikon schreibt zu Palmyra:

*Die antike Oasenstadt* **Palmyra**, *arabisch* تدمر **Tadmor** *bzw.* **Tadmur**, *wie auch die heutige Stadt neben den Ruinen heißt, lag an einer wichtigen Karawanenstraßen in Syrien, auf halber Strecke von Damaskus über die römische Oase Al-Dumair und weiter über das Kastell Resafa bis zum Euphrat. Mitten in der syrischen Wüste gelegen, im Westen von schroffen Felsbergen begrenzt, spenden zwei Quellen Wasser, mit dem die Palmengärten im Süden und Osten der modernen Stadt bewässert werden. Das Wort Tadmor hat einen altsemitischen Ursprung und bedeutet Palmenstadt, Palmyra hieß die Stadt in der römischen Zeit. Palmyra musste sich in seiner*

*wechselvollen Geschichte* gegen Assyrer, Perser,
*Ägypter und Römer zur Wehr setzen, sie war die*
*Stadt der streitbaren und im Kampf gegen ihre*
*Feinde erfolgreiche Königin Zenobia. Ihr wurde*
*geweissagt, dass sie durch den Stich eines*
*Skorpions sterben werde. Daraufhin ließ sie ihre*
*Bett auf einem Gestell in luftiger Höhe aufstellen*
*um jeder Gefahr aus dem Wege zu gehen, aber*
*das Schicksal ist nicht zu beeinflussen und so*
*erfüllte sich die Prophezeiung durch einen*
*Obstkorb der von Dienern hinaufgezogen wurde*
*und einen darin verborgenen Skorpion übersahen.*
*Quelle: Bertelsmann Lexikon*

Der gut erhaltene Palast der Königin Zenobia ist
das Highlight. Er liegt seit Jahrhunderten
erhaben in der Abendsonne und erfreut die Seele
des Betrachters.

Nach drei Stunden Kulturwandern wurden uns
die Füße müde und wir wünschten uns nur noch,
den Sonnenuntergang in der kleinen Taverne am
Rande der Ruinenstadt zu genießen und den Tag
mit einem Cocktail oder einem kühlen Bier
ausklingen zu lassen.

Ich ging gedankenverloren und zufrieden durch den Sand, als ich am linken Knöchel einen heftigen Schmerz fühlte. War ich an einen Stein gestoßen oder umgeknickt? Ich wusste es nicht. So heftig der Schmerz auch war, so schnell war er vergangen und der Vorfall vergessen.

Wir genossen unseren Sun Downer und spazierten langsam zurück zu unserer Unterkunft.

Nach einer Dusche und einem Kleiderwechsel, setzte ich mich bequem und gemütlich auf die Terrasse des Hauses, um dem quirligen Treiben zuschauen, dass sich vor meinem Augen bot. Jetzt nachdem die Sonne untergegangen war, hatten neben den Handwerkbetrieben auch viele weitere Geschäfte mit Lebensmitteln, Krimskrams, Kleidern und Imbissstände geöffnet und leuchteten hell im Neonlicht. Geschäftiges Treiben, hupen und rufen um mich herum und ich fühlte mich ein wenig wie in Bagdad des Harun al Raschid. Vor dem Abendessen traf ich vor unserem kleinen Hotel die Reisegruppe wieder. Wir nahmen einem Aperitif und ließen unsere Tageseindrücke Revue passieren. Auch mein kleiner Unfall aus der Wüste rief sich plötzlich wieder in mein Gedächtnis zurück. Mein Knöchel hatte sich um ein vielfaches vergrößert und ich konnte nur schwer laufen. Auch eine leichte Verfärbung ins Blaugrün war zu bemerken. Mitreisende rieten mir zum Arzt zu gehen oder wenigstens einen Eisbeutel darauf zu legen. Da ich aber immer noch keinen Schmerz fühlte, hielt ich das für überflüssig.

Das umfangreiche Abendessen wurde auf der Dachterrasse hoch über der Wüste serviert. Die Stimmung war ausgelassen und gut, der Abend versprach lang zu werden. Aber ich hatte plötzlich nur noch den Wunsch mich hinzulegen und zu schlafen. Unendlich Müdigkeit überkam mich und ich zog mich frühzeitig in mein Zimmer zurück. Es war so heiß stickig im Raum und ich öffnete das kleine Fenster neben dem Bett um frische Luft herein zu lassen, dabei schaute ich den Händlern und Käufern auf der lebendigen, lauten Straße zu und sog die frische Luft ein. Plötzlich war da hinter mir ein Geräusch, die Tür zu meinem Zimmer hatte sich geöffnet und gab den Blick in einen großen Nebenraum frei. Ich schaute mich verwundert um, diesen hatte ich doch vorhin gar nicht bemerkt? Der Raum war weitläufig, die Decke von steinernen Säulen gestützt. Wände und Säulen mit dem intensiv leuchtenden gelben Ocker gestrichen. Ocker wie er im Reich der Nabatäer um die Felsenstadt Petra abgebaut und mit Karawanen in die entlegenen Orte des Reiches gebracht wurde. Goldene Bänder umspannten die Säulen. Eine aus dem duftenden Holz der Libanon Zeder üppig und fein geschnitzte Decke überspannte die gesamte Halle. Aus runden, kunstvoll verzierten Kohlebecken stieg Rauch mit dem Duft von Weihrauch und Gewürzen auf. Wo war ich? Im Palast der Königin Zenobia? Ich atmete den Duft des Weihrauchs tief ein und spürte das intensive Aroma und es verwirrte meine Sinne. Meine nackten Füße berührten den warmen

Marmorboden. Langsam durchschritt ich den Raum und blickte hinter eine Säule. Dort standen zwei junge Männer. In weiße Plisseeröcke gehüllt, mit ihren schwarzen Perücken und dem ägyptischen Schmuck erschienen sie mir wie lebendige Abbildungen direkt von den Wänden der ägyptischen Königsgräber gesprungen. Jetzt standen sie ganz ruhig da und beobachten mich. Sie hielten mir lächelnd goldene Platten entgegen auf denen Datteln, Feigen und Trauben lagen. Kannen mit köstlichem Wein standen bereit. Ich hatte nie im Leben Früchte dieser Art und Wein von dieser Qualität genossen. Meine Zunge und mein Gaumen genossen die feinen Speisen. Alles was ich berührte spürte ich einer außergewöhnlichen Intensität bis in den Fingerspitzen. Das Holz der Schnitzereien, das Obst, die Farbe an den Wänden. Ich war an einem wunderbaren Ort. Aber wo war dieser Ort. War ich wirklich im Palast der Königin Zenobia oder? Nein das hier war Ägypten. Ich war in einem Palast in Ägypten, die Malereien an den

Wänden verrieten es. Luxus und Genuss überall. Ich hatte mich gerade auf eine Liege niedergelassen und berührte einen der jungen Männer am Arm um auf mich aufmerksam zu machen, als mich eine unsichtbare Kraft nieder drückte und ich zurücksank. Meine Augen schlossen sich vor unüberwindbarer Müdigkeit. Die Stimmen entfernten sich, der Duft verblasste. Ich versank in Dunkelheit. Als sich meine Augen wieder öffneten, lag ich im Bett meines kleinen Hotelzimmers. Kissen und Laken völlig durchgeschwitzt. Durch das kleine Fenster wehte erstaunlich kühle, frische Luft ins Zimmer. Der Lärm war verstummt. Ich reckte mich zum Fenster und nach einem Blick auf die Straße musste ich feststellen, dass alle Geschäfte geschlossen waren. Händler, Käufer und Zuschauer waren längst nach Hause gegangen. Seit meinem letzten Blick aus dem Fester waren sechs Stunden vergangen, es war drei Uhr nachts. Mein Fuß meldete sich unvermittelt mit heftigen Schmerzen zurück. Ich schlief in dieser

Nacht nicht mehr. Der Schmerz und die Erinnerung an meinen Aufenthalt in Ägypten waren zu präsent. Es war doch eine Erinnerung? Ich war doch gerade noch in Ägypten? Oder?

Am nächsten Morgen suchte ich auf Anraten meiner Reisegefährten und unseres erschreckten Reiseleiters eine kleine Poliklinik im Ort auf. Der Arzt, der meine Fuß in Augenschein nahm sagte ohne große Emotionen, „da hat dich ein Skorpion gestochen!" Das käme hier öfter vor als man meine, aber es sei ein nicht so gefährlicher Skorpion und der sei auch nie tödlich. Aber er löse Fieber und starke Halluzinationen aus. Ob ich etwas bemerkt hätte? Ich antwortete mit einem unbestimmten Mundwinkelzucken. Halluzinationen? NEIN, die hatte ich nicht gehabt. Hätte er die Wahrheit geglaubt? Ich hatte das ja alles wirklich erlebt, so real wie ich jetzt in der kleinen Klinik saß, aber das behielt ich lieber für mich.

Nach zwei Tagen war mein Fuß angeschwollen wie ein Ballon und hatte die Farbe eines

Schildkrötenpanzers. Wieder zu Hause suchte ich meinen Arzt auf. Er bestätigte den Skorpion Stich und zeigte sich gemeinsam mit seinen Praxismitarbeiterinnen sehr beeindruckt von meiner Fußschildkröte.

Acht Wochen dauerte die Rekonvaleszenz und dann war der Stich vergessen. Vorerst.

Er meldete sich in einer kleinen Episode ein Jahr später zurück. Jonas der Sohn meiner Freundin Jutta feierte seine Konfirmation und wir trafen dort auf den Lebensgefährten einer Arbeitskollegin. Marzouk lebte in Bochum, stammte aber aus Marokko, und um vielleicht ein bisschen anzugeben, erzählte er eine Geschichte aus seiner Kindheit. Ein Skorpion habe den kleinen Marzouk in den Finger gestochen und so wahr wie wir hier säßen, habe sich der Kleine nur mit einer Galabia bekleidet, durch einen schweren Schneesturm kämpfen müsste. Schnee war ihm und seinen Freunden in Marokko unbekannt. Aber er hatte ihn angefasst, es hatte sich kalt und nass angefühlt und wie Eiswasser geschmeckt. Seine Familie und Freunde glaubten nicht, dass er wirklich im Sturm unterwegs war und echten Schnee angefasst hatte.

Ich wusste, dass er die Wahrheit gesagt hatte.

Wir beschlossen uns bei der nächsten Gelegenheit einen Skorpion zu teilen.

Anmerkung: Die Ruinenstadt Palmyra wurde während des Krieges durch die Terrortruppen des sogenannten „ Islamischen Staates, IS" fast völlig zerstört.

## Israel 2011

### Tanz am Meer

Meine Freunde wissen, dass ich gern orientalisch tanze. Seit Jahren übe ich mit gleichgesinnten Frauen die verschiedensten Stücke ein und besuche immer wieder regelmäßig Kurse um mich zu verbessern. Bei einem Event in Berlin lernte ich die orientalische Tänzerin Orit Maftsir kennen die in Israel und Ägypten mit ihrer Kunst sehr bekannt ist. Nach einem Workshop in Berlin bei Orit erhielt ich von ihr eine Einladung zu einem Tanzevent in Eilat am Toten Meer. Vier Tage tanzen, essen, Spaß haben, in der Sonne liegen und das im Januar. Ich kenne und liebe Israel seit vielen Jahren und darum meldete ich mich an.

Leider kann man nicht direkt nach Eilat fliegen, man muss immer in Tel Aviv umsteigen und dann entweder mit einem extra Charter Inlandflug ab Ben Gurion Airport oder einem Leihwagen weiterreisen.

Ein Jahr zuvor erkrankte ich kurz vor einer Israelreise und konnte die Reise nicht antreten. Es erwies sich als nicht gut durchdacht Flug und Hotel in Eigenregie zu buchen. Umständliche Stornierungen folgten. Sowas möchte man nicht nochmal erleben. Über das Internetportal eines großen Touristikunternehmens buchte ich das vollmundige Angebot „ eine Woche Eilat mit Hotel, Direktflug, Transfer, alles für nur ....Euro". Die Abwicklung lief über einen Reisevermittler mit dem Namen Yilmaz aus Herne. Eine nette junge Dame und ein ebenso netter junger Herr stellten für mich, nach meinen Wünschen meine Reise zusammen. „Nein, persönlich kenne sie Israel als Reiseland aus eigener Anschauung nicht". „Aber", so versicherten sie mir, „sei es kein Problem an einem Tag von Düsseldorf nach Eilat zu fliegen, da hätten sie gute Informationen, alles sei bereits online abgecheckt, ich könne mich zurücklehnen und sie regeln alles für mich".

10 Tage vor meinem Flug, eine kurze Mail von meinem Anbieter. Er freue sich sehr mit mitteilen zu können, dass der Preis für meine Reise um ca. 100 Euro niedriger sein würde. Für mich sei am ersten Anreisetag eine Übernachtung in Tel Aviv eingeplant, damit die Reise die ja doch sehr lang sei für mich nicht so anstrengend würde. Über eine Kürzung des Reisepreises würde ich mich doch sicher auch sehr freuen. Ich widersprach, ich möchte an einem Tag reisen, wie es mir versprochen war.

Nach weiteren zwei Mails die mich umstimmen und mir den ungewollten Aufenthalt schmackhaft machen wollten, kam dann doch der gewünschte Reiseplan. Flug nach Tel Aviv Ben Gurion Airport, Transfer mit dem Taxi zum Flugplatz Sde Dov, Weiterflug nach Eilat.

Sde Dov? Plötzlich klappte in meinem Gehirn ein ziemlich weitzurückliegendes Erinnerungsfach auf. 1973 meine erste Reise nach Israel in das Land meiner Träume.

## Israel ein Traum wird wahr

## 1973

*Ich bin soeben angekommen und nach der Pass-
und Zollkontrolle, die sich im unteren Bereich des
Terminals befindet, folge ich den schriftlichen
Hinweisen und der großen Gruppe mit mir
ankommender Reisenden zum Ausgang. Direkt
hinter dem Ausgang weitet sich der Raum zu einer
Art Arena, begrenzt von einer Holzbarriere hinter
der sich eine große Menschenmenge versammelt
hat. Jeder versucht so nahe wie mögliche an den
Rand der Arena zu gelangen, um einen Blick auf
die Ankömmlinge zu werfen. Dicht gedrängt
stehen Männer Frauen und Kinder, rufen fröhlich
und lachen, Blumen oder israelische Fähnchen in
den Händen haltend. Einige warten auf ihre
Familie oder Freunde aus dem Ausland. Andere
kommen einfach mal so zum Airport um sich die
Zeit zu vertreiben und zu sehen wer so alles
einreist. Es wird freudig gewunken und gerufen*

wenn sie in der Menge die bekannten Gesichter entdeckt haben. Ich werde nicht erwartet, dränge mich durch die Menge und finde mich auf einer staubigen Straße inmitten von grünen Orangenbäumen soweit das Auge reicht Orangenplantagen, wieder. Die Hände habe ich schützend über die Augen gelegt, weil ich trotz Sonnenbrille von dem grellen Sonnenlicht geblendet bin. Hinter mir befindet sich ein flaches Gebäude in einfacher Bauweise, das Terminal des israelischen Flughafens Lot, und warte auf den Egged Bus der mich in das Zentrum nach Tel Aviv bringen soll. Um mich herum warten die Leute die wie ich gerade aus Frankfurt am Main gekommen sind. Gemeinsam mit mir und den Fluggästen warten auch die drei oder vier kleinen Gruppen Soldaten, und Soldatinnen das ist ein Anblick der uns Bundesrepublikaner im Jahr 1973, völlig ungewohnt trifft, lachend und schwatzten auf der sonnendurchglühten Sandpiste. Einen festen Fahrplan gibt es nicht. „Der Bus kommt gleich" hören wir von allen Seiten. Ein paar Autos fahren vorbei, kleine Lastwagen mit Feldfrüchten. Die Soldaten strecken bei jedem Wagen der vorbei kommt sofort den Daumen raus und hüpfen dann behände auf die Ladeflächen, denn Soldaten werden immer per Anhalter mitgenommen. Dann endlich in eine Staubwolke gehüllt, nähert sich ein roter Bus mit einem Dachgepäckträger. Der Bus hält und entlässt seine Gäste und wir steigen ein. Die kleinen Fenster sind alle aufgeschoben, es ist drückend heiß im Inneren des Busses. Klimaanlagen in Fahrzeugen gibt es noch keine. Der Busfahrer hat es eilig, die Fahrt geht zügig über die nicht befestigte Straße und wir werden ziemlich durcheinander geworfen. Neben mir sitzt ein Offizier der Armee, seine Augen kann ich durch die Spiegelbrille der er trägt nicht sehen, er kaut gelangweilt an einem Kaugummi. Seine Maschinenpistole liegt offen mitten im Gang des Busses. Es ist Krieg in Israel. Der Bus schüttelt uns für eine gute Stunde durch die wunderschöne Landschaft der Citrus Plantagen. Soweit das Auge reicht Orangenbäume. Nach 45 Minuten Fahrt erscheinen am Horizont die ersten Häuser, weißer Sandstein leuchtet im Sonnenlicht. Ich versuche den Kopf durch die kleinen Fenster zu stecken, denn die Scheiben sind so schmutzig das ich gar nichts sehen kann. Der Wind brennt in meinen Augen und meine Nase schnuppert die würzige Luft. Der Bus erreicht den Stadtrand und die mit hohen Palmen gesäumten Straßen werden etwas breiter und bequemer. Alte amerikanische Autos überholen knatternd und hupend den Bus und hinterlassen einen strengen Geruch nach Benzin. In den Straßen herrscht ein geschäftiges Treiben, denn in fast jedem Haus befindet sich ein kleines Landelokal. Gemüse, Krimskrams, Töpfe. Kleidung flattert über Bügel gehängt in den Eingängen, Buchläden und Silberschmiede. Kleine Buden bieten Fleisch am Spieß gegrillt, das Schwarma genannt wird und Falafel kleine Bällchen aus Kichererbsen, an. Man kann es im Fladenbrot mitnehmen und unterwegs essen oder man setzt sich auf einen der kleinen Gartenstühle an den Plastiktischen, kauft noch ein Getränk dazu und *verzehrt alles vor Ort. Das laute Gespräch mit den andern Gästen über die Tische hinweg ist inklusive. Der Bus biegt um eine Ecke und vor uns liegt der Busbahnbahnhof. Es ist ein weitläufiger Schotterplatz auf dem Bus an Bus steht. Rote Busse der israelische Egged Linie, mit der man regelmäßig alle Orte in Israel erreichen kann. Will man in die palästinensischen Gebiete z.B. nach Bethlehem reisen, muss man nach Jerusalem fahren und nimmt dann einen der weißen Busse des arabischen Busunternehmens. Diese Linien fahren dort von einem eigenen Bushalteplatz, der sich hinter dem Damaskus Tor befindet, ab.*

*Der zentrale Busbahnhof ist auch Markt. Fliegende Händler bieten Obst und Gebäck, Tee und kalte Getränke an. Besonders lecker ist der Saft aus frisch gepressten reifen Orangen, der an jeder Ecke für ein paar Agurot zu bekommen ist. In einer flachen Baracke reihen sich Ticketshops aneinander. Ich bin angekommen in der lebendigsten Stadt die ich je gesehen. Ich bleibe drei Tage und wohne in einem kleinen Hotel am*

Diezengoff Boulevard. Dieser Boulevard ist eine sehr verkehrsreiche Straßenbrücke mit einem kleinen Platz in der Mitte. Hier stehen ein paar Bänke um einen Brunnen und laden inmitten des lärmenden Stadtverkehrs zum verweilen ein. Gegen Abend kommen fast ausschließlich alte Leute hierher, treffen sich um schwatzend und diskutierend die Zeit zwischen Sonnenuntergang und Abendessen zu überbrücken, die etwas kühler werdende Luft zu genießen um dann wieder in ihre drückend schwülen Wohnungen zurückkehren. Es wird rasch dunkel in diesem Teil der Welt, ohne längere Dämmerung kommt die Nacht. Dann erwacht Tel Avi erst richtig zum Leben. Die kleinen Ladenlokale an den Straßen sind jetzt Neon hell erleuchtet und nicht nur die Schnellimbisse bieten ihre Spezialitäten an, auch die größeren Restaurant und Bars sind jetzt geöffnet. Gruppen junger Leute, viele in Uniform, ziehen sich laut schwatzend und lachend in die Kinos oder auf ein Bier in die Bars. Auch der Strand ist noch belebt. Pärchen gehen hier spazieren und suchen sich ruhige Ecken um zu zweit allein zu sein. Mutige baden noch im Meer, das ist ganz ruhig und der Mond spiegelt sich glitzernd und silbern auf dem schwarzen Wasser. Hier treffen sich, besonders Samstags, wenn der jüdische Ruhetag Shabbat vorbei ist und die Straßensperren in der Nähe der Synagogen aufgehoben sind, Großfamilien mit Oma, Opa, Tante, Onkel und vielen Kindern um am Strand einen Hohlkohlegrill aufzustellen und riesige Picknicks zu veranstalten. Die Wohnungen in Israel sind klein und stickig, so bleibt man am Abend lange im Freien um durchzuatmen.

Wer nicht an den Strand gehen möchte bleibt im Ort. Jede Stadt hat einen größeren Platz, diese Plätze sind hell beleuchtet und die bunten Lichterketten weithin zu sehen. Hier trifft sich die Stadt und obwohl die Zeiten unruhig und schwierig, sind die Menschen fröhlich und aufgeschlossen. Ja sie zeigen sich, wir sind hier wir gehören hier hin und verstecken uns nicht hinter Verdunkelungen. Eine stolze junge Nation. Auf den Plätzen wird jeden Mittwoch und jeden Samstag nach Sonnenuntergang Musik gespielt und der traditionelle Tanz Hora getanzt. Eine Reihentanz mit vielen Elementen aus der arabischen, osteuropäischen und Balkanmusik, der in Israel zum Volkstanz geworden ist. Jeder kann mitmachen, die Schritte sind relativ einfach. Ein „Vortänzer" der sogenannte Kopf, hebräisch Rosh, der Reihe führt Figuren an und alle machen mit.

An einem schönen Samstagabend saß ich ebenfalls auf einer Bank und sah den Leuten beim tanzen zu, als ein junger Mann in schwarzer Hose und weißem Hemd, unter dem Arm eine Aktentasche, vorbeiging. Ein Teil der Tanzwütigen erkannte ihn als einen besonders guten Rosh. Lautstark wurde er umringt und festgehalten, er möge so nett sein ein paar Schritte mitzutanzen. Er tat es auch, weil die Möglichkeit zur Flucht nicht mehr gegeben war. Er tanzte voran immer noch mit der Aktentasche unter dem Arm. Weitere Fluchtversuche und Beteuerungen, dass er noch in *seinem Büro erwartet werde, wurden zurückgewiesen und so führte er zwei Stunden lang die Hora an, Bevor er dann doch, unter lautem Bedauern, aber auch Applaus der Anwesenden entkommen konnte.*

*Ich blieb nicht in Tel Aviv sondern reiste weiter zu meinem ersten Besuch in Eilat. Es gab zwei Möglichkeiten mein Ziel zu erreichen, die eine mit dem Egged Midnight Express, der jeden Abend um 00,00 Uhr vom Busbahnhof abfuhr oder mit einer der Propellermaschinen vom Flugplatz Sde Dov. Der Flugplatz lag von Tel Aviv etwas außerhalb direkt am Strand. Die Maschinen starteten über eine relativ kurze Startbahn in Richtung Meer flogen, dann in einer Schleife zurück über das Land weiter in ich Richtung Süden. Ich entschied mich für eine Hinfahrt mit dem Bus und einen Rückflug mit einer der alten Propellermaschinen die 1973 schon abenteuerlich aussahen, als seien damals schon aus einer vergangenen Zeit. Das Schicksal wollte es anders, ich konnte nicht wissen,*

dass  dieses Flugerlebnis erst vierzig  Jahre später
wahr werden würde.

Eilat war in dieser Zeit ein winziges Nest mit zwei
Zufahrtstraßen, einer aus westlicher  Richtung von
Tel Aviv aus und einer aus östlicher Richtung von
Jerusalem  und  dem  Toten  Meer  aus.  Beide
Straßen endeten eben in dem kleinen Nest Eilat.
Viel gab es hier nicht zu sehen, der Strand war
aber  sehr beliebt, Sonne und  Temperatur sind
immer schön und gleich bleibend. Ein Hotel  das
komfortabel am Wasser lag. Der Balkon mit Blick
auf den Golf von Aqaba  war das Highlight. Die
Skyline von Aqaba leuchtete jeden Abend hell und
verführerisch und suggerierte uns,  dort sei  das
pralle Leben. Die Eilat Gäste saßen auf ihren
Balkonen und träumten von 1001 Nacht im nahe
gelegen und doch so unerreichbaren Jordanien.
Zwanzig  Jahre  später  blickte  ich  selbst
sehnsuchtsvoll  vom langweiligen Strand in Aqaba
in Richtung Eilat und sah dort die neu gebauten
Hotels, die hellen Lichter  und war mir sicher dort

*sei das pralle Leben im damals, für jordanische Gäste, noch unerreichbaren Israel.*

*Die Kupferminen von König Salomon nahe Eilat muss man gesehen haben. Es war sehr einfach die ca. 20 Kilometer von Eilat nach Timna mit dem Bus zu bewältigen, denn 1973 war die aktuelle Kupfermine noch in Betrieb, und man hatte eine gute Anbindung. Die Mine wurde 1976 geschlossen. Die paar hundert Meter zu der Stelle, die als Minen König Salomons bezeichnet wurde, wanderte ich, mit einem Regenschirm als Sonnenschutz, und suchte Reste eines ägyptischen Hathor Tempels der hier ebenfalls zu sehen war. Es war sehr heiß in Timna ohne jegliche Schutzmöglichkeit gegen die unbarmherzig brennende Sonne. Eine Vermarktung hatte noch nicht stattgefunden, alles lag noch frei zugängig, aber ohne Komfort vor uns. Ich habe den nächsten Bus zurück nach Eilat genommen.*

*Zu meinem geplanten Rückflug nach Tel Aviv kam es dann doch nicht. Am 06. Oktober 1973 am* hohen Feiertag Yom Kippur, griffen ägyptische und arabische Soldaten auf dem Sinai und Syrien im Golan, Israel an. Die Menschen wurden überrascht niemand hatte damit gerechnet. Ich befand sich am Strand und machte mich sofort auf die Socken um schnellmöglich nach Tel Aviv zu kommen. Die Menschen in den Straßen versuchten Informationen zu bekommen. Würde es Luftangriffe geben. Familien wurden eilig zusammengerufen und Ich wollte zurück nach Deutschland bevor der Flughafen geschlossen würde. Also nahm ich den ersten Bus der zu bekommen war, zurück nach Tel Aviv. In den Straßen Tel Avivs war das Militär unübersehbar und es vermittelte auch das Gefühl relativer Sicherheit, der Überraschungsangriff traf Israel unvorbereitet und als diese heiße Kriegsphase am 24. Oktober endete und hatte Israel sich sehr verändert. Die Leichtigkeit des Lebens war noch nicht ganz erloschen, aber der Glaube an die Unbesiegbarkeit und Unverwundbarkeit war der Realität gewichen.

*Mein Flug mit der Propellermaschine über die Wüste war erledigt. Der Bus war ja auch sicherer und ich wollte ja auch gesund wieder heim kommen. Propellermaschinen gehörten auch bald der Vergangenheit an.*

*Unser Rückflug nach Deutschland ging ohne große Probleme, der Egged Bus brachte mich wieder in den Wendehammer am Flughafen Lot. Die Kofferkontrolle fand kurz vor der Passkontrolle statt. Auf zwei großen Tischen wurden alle Koffer hochgelegt, geöffnet und durchgesehen, dann wurde man weitergeschickt und der Nächste kam dran. Es war alles etwas ungeordnet und sehr laut. Jeder versuchte immer der erste zu sein. Aber die Stimmung bei diesem Abschied war nicht so fröhlich wie die Ankunft. Niemand wusste, wann und ob wir wiederkommen. Über dem Eingang zur Abflughalle, war auf ganzer Breite ein Schild angebracht. Die Cartoon Figur Srulik des Karikaturisten Kariel Gardos, die zum Symbol für den Staat Israel geworden ist, winkte in*

46

Großformat und rief den Abreisenden. „Hurry back? We miss you already" zu.

Ich habe Israel auch sofort vermisst.

## Wo bist du geboren?

Seit dem Jahr  1973 war ich noch sehr oft in Israel, es ist mein zweites Zuhause geworden. Dieses Land hat in den letzten  Jahrzehnten eine rasante Entwicklung genommen und sich stark verändert. Die Abreise aus  Tel Aviv war,  wie in den  letzten  Jahren  auch,  immer  gleich. allerspätestens zweieinhalb Stunden vor Abflug muss man sich a am Flughafen einfinden  um die umfangreichen    Sicherheitskontrollen    zu durchlaufen. Geschafft!
Auf dieser Reise begleitete sich mein 16 jähriger Sohn Uwe. Ein Israelfan genau wie seine Mutter. Jetzt hieß es erstmal die Kontrollen und Befragungen durchzustehen. Nicht immer leuchtet  dem Befragten die Sinnhaftigkeit der der Maßnahmen ein.  Manche davon erscheinen doch allzu willkürlich.  Aber es hilft nichts, wir standen brav in der Schlange.

Bei der Rückreise hatten wir uns, angesichts der Menschenmassen  vor  den  Kontrollschaltern geeinigt getrennt durch die Kontrolle zugehen, wer als erster im Transit war, würde schon mal etwas zu essen ordern. Hinter mir baute sich ein deutsche Ehepaar auf ebenfalls mit erwachsen Sohn auf. Drei Kofferwagen vollbeladen, einer der Kofferwagen landete in meine Hacken. Mein Schmerzaufschrei und meine vielleicht etwas unsachliche Bemerkung zu diesem unhöflichen Umgang wurden von deutscher Seite, sofort laut und mit deutlicher Empörung, quittiert. „Man habe ja wohl genug Zeit und warum ich denn so eilig aus der Kontrolle wolle"? Ich weiß nicht mehr, was mich in diesem Moment geritten hat, ich hätte es doch wirklich besser wissen müssen, aber ich hörte mich plötzlich sagen: „Ja das liegt daran, dass ich eine gefährliche Terroristin und Bombenlegering bin"! Es wurde still am Kontrollplatz und ich hätte mich geißeln, Ohrfeigen und selbst in den Hintern treten können, wie kann man nur so blöd sein. Ich sah aus den Augenwinkeln meinen Sohn der gerade mit seiner Kontrolle, natürlich ohne Beanstandungen, fertig war und sich ohne ein Wort in Richtung Gate davon machte. Niemand kam auf die Idee, dass er zu mir gehören könnte. Vor mir stand jetzt eine junge israelische Sicherheitsbeamtin die genau wusste, wie man mit Typen meiner Kategorie umgeht. Ich wurde aus der Menge gelotst und hörte in deutscher

49

Sprache noch, „dass da was nicht in Ordnung ist habe ich sofort gemerkt, gut dass hier so genau kontrolliert wird". Aus gegebenem Anlass enthielt ich mich einer Erwiderung und folgte dem Sicherheitspersonal. Die Befragung die jetzt folgte erscheint mir auch jetzt, aus der Distanz heraus immer noch als Bedrohung und, rechtsstaatlich völlig überzogen. Ich wurde regelrecht verhört und alles was ich sagte wurde mir im Mund herum gedreht. Mein Koffer ausgekippt und getrennt vom Inhalt durchleuchtet. Mein deutscher Pass wurde sofort eingezogen und angesichts meines Geburtsortes wurde ich immer wieder genötigt, zu sagen warum ich, als einer arabischen Stadt Geborene nach Israel gekommen sei und was ich dort gemacht habe. Mein Geburtsort war dann für die Dame auch der einzige Punkt mich weiter festzuhalten. Bis Eine Flugbegleiterin mit Uwe im Türrahmen zum Transit, also auf neutralem Boden, auftauchten und klar sagten die Maschine fliege in zwei Minuten, mit oder ohne mich, ab. Darauf habe mich auf meinen jetzt leeren Koffer gesetzt und Uwe zugerufen. „ Flieg du nach Frankfurt und rufe sofort deinen Vater an, er soll sofort die Polizei darüber

informieren, dass seine Mutter in Tel Aviv festgehalten wird". Dann habe ich geschwiegen, ich war mir sicher jetzt verhaftet zu werden. Aber nach erstem Erstaunen und kurzem Beraten der Sicherheitsleute, kam Bewegung in die Leute, erst bekam ich meinen Pass zurück dann konnte ich meine Habseligkeiten wieder zusammenkratzen und durfte zum Transitraum weiter durchgehen .Als letzter Fluggast betrat ich die Maschine, hier war es merkwürdig still. Nur ein junges Mädchen fragte mich, was denn geschehen sei, sie sei zum erstmal in Israel und hatte sich sehr wohl gefühlt und sich auch schon auf weitere Besuche gefreut, Jetzt sei sie aber doch unsicher geworden. Ich habe sie ihr geraten auf jeden Fall wieder hierher zu kommen. Israel ist die (immer noch) die einzige Demokratie im Nahen Osten. Bei aller Strenge der Beamtinnen kann man sich auf den Rechtsstaat verlassen und es ist doch das schönste Land der Welt.
Übrigens, ich bin im Ruhrgebiet in Gelsenkirchen geboren.

## Sde Dov Erinnerungen

Jetzt saß ich wieder am Flughafen, in dem extra winzig gehaltenen Transitraum, hier kann man die Menschen besser kontrollieren und beobachten ,und wartete geduldig bis eine Durchsage zu Einsteigen aufforderte und betrete 31/2 Stunden später die Ankunft Halle des neuen Flughafens Ben Gurion Airport Tel Aviv. Ein rundes Gebäude um einen riesigen Springbrunnen gebaut, dessen Fontäne in regelmäßigen Abständen in dreistöckige Höhe aufsteigt. Die Abflug Gates zu den Flugzeugen im unteren Bereich der Halle, sind in alle vier Himmelsrichtungen angelegt, umgeben von Duty-Free Läden, Imbissen und allem möglichen weiteren Kram, den der Reisende noch kurz vor seinem Rückflug unbedingt, als Allernötigstes oder völlig Unnützes noch schnell einkaufen kann. Auf halber Höhe der Rotunde führt ein breiter Gang rundherum, die Glasfenster geben die Blicke auf den Abflugbereich im Erdgeschoss frei. Hier kommen die Fluggäste an und erreichen über diesen Weg die Passkontrolle. Ich habe sie noch nicht gezählt, aber der Ankömmling kann sich an einer schätzungsweise 50 oder mehr Kabinen anstellen und auf die Kontrolle seines Passes warten. Das geschieht akribisch genau und darum dauert es auch immer etwas länger. Ich habe nie herausgefunden warum, aber meist geht es genau an der Schlage in der man selbst steht am langsamsten voran. Erstaunlicherweise geht es bei dieser Reise sehr schnell. Zur Kofferausgabe ist es in diesem Airport sehr weit, aber laufen muss man nicht unbedingt. Rollbänder bringen die Menschen ohne Anstrengungen durch die Gebäude, die in den Farben des gelben Sandsteins gehalten sind, der auch Jerusalem in der Sonne golden strahlen lässt.

Ich berge meinen Koffer und finde auch schnell das bereitstehende Taxi, das mich nach Sde Dov bringen soll. Die Fahrt dauert schon zehn Minuten, nur um die Flughafenstadt mit Hangars Containerhallen, Bürokomplexe bis man über eine autobahnähnliche Zubringerstraße das Flughafengelände verlassen zu können. Es geht auch hier nicht ohne nochmalige Kontrolle aller Fahrzeuge und ihrer Insassen. Dann biegt mein Taxi auf die gut ausgebaute, gebührenpflichtige Autobahn. Orangenhaine gibt es keine mehr. Die

Fahrt geht  vorbei an Hochhäusern aus Stahl, Glas und Beton. Die Stadt ist  an den Airport herangewachsen, hat ihn aufgesaugt. Israel ist ein kleines Land, die Flächen sind begrenzt, also baut man seit Jahren nicht nur in Breite sondern auch in Höhe. Die Fahrt dauert aufgrund der Rushhour länger als vor 40 Jahren. Der Busbahnhof wird nur kurz angesteuert, um noch einen Fahrgast aufzunehmen. Den Schotterplatz gibt es nicht mehr, der neue Busbahnhof ist ein riesiger fensterloser Betonklotz mit sieben Stockwerken. Um die 80000 Menschen werden hier täglich durch geschleust und fahren in alle Stadt Israel. Neben den Bushaltestellen ist der Bahnhof auch eine Mall mit  1500 Geschäften und Geschäftsideen. Viele davon sind längst pleite und stehen leer. In den unübersichtlichen Ecken hat sich eine eigene Subkultur angesiedelt. Für  illegale Migranten, Künstler oder die sich dafür  halten,  Menschen  außerhalb  der Gesellschaft haben sich hier zusammengefunden und als ihren eigenen Lebensraum besetzt. Eine unheimliche und bedrohliche erscheinende Welt aber trotzdem so faszinierend, dass  öffentliche Führungen  durch  das  Gebäude  angeboten werden und neugierige Touristen sich hier gruseln dürfen.

Unsere Fahrt geht weiter über die Stadtautobahn bis ich ein kleines Schild Airport Sde Dov sah, das war mir in den letzten Jahren gar nicht mehr aufgefallen. Der Name geht auf den israelischen Flugpionier Dow Hoz zurück dessen IATA Kürzel SDE war. Der Flugplatz liegt nicht mehr außerhalb der Stadt, sondern ist umringt von mehrstöckigen Wohngebäuden. Der Taxifahrer lässt mich vor einem einfachen Flachbaupavillon aus den 60er Jahren  aussteigen. Durch eine einfache Fliegengittertür betrete ich die Abflughalle und befinde  mich plötzlich in einer anderen Welt. Vor mir zwei Abfertigungsschalter hinter denen echte Menschen sitzen. Einfache Anzeigetafeln über den Schaltern verweist auf Abflüge in Richtung Eilat, Rosh Pina und Ein Yahav. Die letzteren sind  eine  kleine Siedlung und ein Moshav im Norden Israels.  Die Schalter sind n geöffnet und die Fluggäste checken ihr Gepäck ein.  Alles geht  ruhig und locker vonstatten.  Ca. alle zwei Stunden werden die Fluggäste per  Durchsage an das  Ende der Halle zu  einer Tür gebeten und die Gäste treten auf das Flugfeld um in einem alten Bus zu steigen, der sie zu ihrer Maschine bringt. Dieser Bus hatte bereits  kurz vorher die ankommenden Gäste herangefahren und diese verließen durch einen extra Ausgang am anderen Ende der Halle das Gelände und nahmen in  einer Art Veranda  von einem ca. 1.50 langen Transportband ihre Koffer entgegen, die  gleichzeitig mit ihnen von einem Mitarbeiter        auf     einem     Bollerwagen herangefahren und auf das Band gehoben wurden. Eine weitere Mitarbeiterin kontrollierte noch einmal die Tickets, dann waren alle Gäste verschwunden und die Mitarbeiterin zog vor der Veranda ein Gitter herunter für die nächsten Stunden ist  hier nichts mehr zu sehen. Ich bin viel zu früh vor Ort und muss geschlagene drei Stunden warten das ist  nicht so erfreulich, denn außer eine winzigen Cafeteria gibt  es hier nichts weiter zu meiner  Abwechslung. Dann  endlich wird mein Flug aufgerufen. Ich trete an die Tür eine freundliche Stewardess kontrolliert mein Ticket und ich darf  den kurzen Weg zu dem klapperigen Bus gehen und einsteigen. Die Abflug- und Landebahn liegen immer noch lang gezogen  direkt am Strand. Es dauert ein Weilchen bis wir uns über die gesamte Startbahnlänge durch den Sand  gearbeitet hatten, der sich auf den Rollfeldern ausgebreitet hatte. Dann ich kann es kaum fassen, Tränen rollen mir die Wangen herunter. Was dem Auge, von der Abfertigungshalle aus, verborgen geblieben war, hier steht es. Ich bin mir sicher, handelt es sich um eine Dash 8 von Bombardier oder Fokker Turboprops? Vor mir stehen vier Propeller Maschinen, wie vor vierzig Jahren. Die Flugzeuge sind nicht sehr geräumig, aber da nur acht Personen mitfliegen, ist Platz genug. Zwei Stewardessen begrüßen uns freundlich und begleiten uns an unsere Plätze. Anschnallen bitte, Sicherheitshinweise, alles wird persönlich von den Damen angesagt. Danach gibt es ein Bonbon, zum Lutschen gegen den Druck in den Ohren. Kurze Zeit später rollt die die Maschine zur Startbahn, poltert los und hebt mit Ohren betäubenden Propellerlärm ab, in Richtung Meer. Dreht noch eine große Runde über dem Wasser, um über ein mit der Zeit zur Megapolis in die Höhe und Breite gewachsenes Tel Aviv in Richtung Süden, abzudrehen. Die Flugdauer beträgt ungefähr eine Stunde. Die Zeit vergeht rasch mit einem Snack und Getränken gereicht von den netten Stewardessen.

*

Die Woche in Eilat verging zu schnell. Das Orientalische Tanzfestival  an dem immer fast 500 Frauen teilnehmen ist  eine ausgefüllte Zeit, mit viel Bewegung, Freude und gutem Essen und ebenso wenig Schlaf.  Meine Rückreise verlief bis auf die Tatsache, dass mein Reiseleiter mich in Eilat einfach vergessen hatte und ich mir den Weg zum Flughafen Ben Gurion in eigener Regie selbst organisieren musste, ruhig, zügig,  und gut. Ich habe dies dem Reiseunternehmen nicht sehr übel genommen, denn ich hatte ein, wenn auch ungewolltes Highlight in meinem Programm, dass man nicht buchen kann. Eine Reise in die Vergangenheit.

## China
## 1991

Ich reise gern, jeder der mich kennt weiß das. Außerdem hatte ich mir vorgenommen in meinem Leben auf jeden Fall drei Dinge anzusehen und zu erleben. Ich wollte in den Grand Canyon spucken, die Chinesische Mauer anfassen und mindestens für drei Tage in der Transsibirischen Eisenbahn fahren.

1988 hatte sich mein Wunsch bezüglich des Grand Canyon bereits erfüllt. Ich war dort und habe hineingespuckt. Danach prüfte ich, wie es wohl mit den beiden anderen Wünschen aussehen könnte. Da flatterte mir eine Werbung einer Reiseagentur in die Hände mit der ich schon ein paarmal kleine Studienreisen unternommen hatte. Sie war spezialisiert auf Lehrerreisen!

Das Angebot eine Woche Peking Vollpension Übernachtung im Nobelhotel Möwenpieck. 1200 DM. Ich bin kein großer Freund von Nobelherbergen, reise lieber direkt in das Herz eines Landes und wohne dort in einfachen Häusern, nah an bei den Menschen. Ich wollte das Angebot schon verwerfen, als es mir von meiner Kollegin Ursel aus der Hand genommen wurde. „Da fahren wir hin, da will ich mitfahren, ist auch günstiger, wenn du kein Einzelzimmer brauchst", entschied sie. Ich bin sehr oft mit Ursel zu Seminaren unterwegs gewesen und wir passten gut zusammen und vertrugen uns auch, wenn wir ein Zimmer teilen mussten.

## In Dubai

Gesagt, getan, wir buchten diese Reise für Ende Februar 1991. In dieser Zeit 1990/91 kriselte es sehr stark in der Golfregion und hinter unseren Reiseplänen stand ein schon großes Fragezeichen, denn unsere Flugroute beinhaltete den Zwischenstopp in Dubai. Angst und Unsicherheit machten sich breit, jeden Tag wurden die Nachrichten genau beobachtet. Dann am 12. 01. 1991 beschloss die US Regierung den Einmarsch in den Irak. Am 14. Januar stimmte der US Senat dem zu, und am 17.01.1991 begann der zweite Golfkrieg. Unserer Reisepläne wurden immer unsicherer. Wie wird sich die Lage im Nahen Osten ausbreiten? Werden Überfluggenehmigungen erteilt, werden weitere Länder t mit in den Krieg gezogen? Die Unsicherheit war groß. Aber der Konflikt endete kurz vor unserem Termin und das Überfliegen und Zwischenlanden in Dubai wurde erlaubt.

**Golfkrieg** um die Befreiung des von Irak annektierten Kuwaits 1991 geführter Krieg zwischen Irak und einem multinationalen Streitkräfteverband unter Führung der USA. Der Konflikt wurde eingeleitet durch den Vorwurf Iraks, Kuwait halte irakisches Gebiet im Norden der Ölfelder von Rumaila besetzt und entziehe Irak dadurch Erdöleinnahmen. Nach vergeblichen Vermittlungsbemühungen anderer arabischer Staaten marschierten am 2. 8. 1990 irakische Truppen in Kuwait ein. Das Emirat wurde zur 19. irakischen Provinz erklärt. Als Reaktion verhängte der UN-Sicherheitsrat ein Handelsembargo gegen Irak. Gleichzeitig leiteten die USA die „Operation Wüstenschild" ein und verlegten Truppenverbände nach Saudi-Arabien und in den Persischen Golf. Andere Staaten schlossen sich an. Am 29. 11. 1990 verabschiedete der UN-Sicherheitsrat eine Resolution, die die multinationalen Truppen für den Fall, dass Irak Kuwait nicht bis zum 15. 1. 1991 räumen würde, zur Anwendung von Gewalt autorisierte. Die alliierten Truppen begannen am 17. 1. 1991 mit einem Luftkrieg gegen Irak. Die am 24. 2. 1991 eingeleitete Bodenoffensive führte zur völligen Niederlage der irakischen Truppen sowie zur Befreiung Kuwaits. Nach der am 28. 2. 1991

*vereinbarten Waffenruhe folgte am 3. 3. 1991 die
formelle Kapitulation. Die Verluste der irakischen
Armee beliefen sich nach US-amerikanischen
Schätzungen auf rund 22 000 Mann. Auf alliierter
Seite verloren 170 Soldaten ihr Leben. Auch Irak
und Irak-Krieg*

*Quelle: Lexikon Wissen.de.*

Die guten, aber skeptischen Wünsche unserer
Familien begleiteten uns zum Flughafen
Düsseldorf. Ursels Mutter wollte sie gar nicht
wegfahren lassen. „Ich bin ja kein Kind mehr und
ich fahre ja nicht um den halben Erdball"
entgegnete Ursel ihrer Mutter. Erst im Pekinger
Hotel fiel ihr auf, dass dieser Spruch ja wohl
völlig unangebracht war. Wir sind um den halben
Erdball gefahren.

Nach fünfstündigem Flug landeten wir in Dubai,
es war eine Wohltat die Maschine verlassen zu
dürfen, aber das Flughafengebäude durfte nicht
verlassen werden. Es wäre auch alles andere als
angenehm gewesen. Diktator Saddam Hussein
hatte die Irakischen Ölquellen in Brand stecken
lassen und es war noch nicht gelungen diese
schnell zu löschen. Über der ganzen Golfregion

verdeckten   grauschwarze Wolken den sonst immer blauen Himmel. Schwarze Rauchsäulen waren am Horizont zu erkennen. Die Neugier trieb mich doch ins Freie, ich wollte sehen wie es draußen aussah. Die Luft roch extrem nach Benzin und verbranntem Gummi. Bei längerem Aufenthalt im Freien bekam man sofort Hustenanfälle. Selbst die Kleidung roch nach kurzer Zeit nach dem verbrannten Erdöl.  Wir waren doch froh,  als es weiter ging.  Wir flogen noch am späten Abend ab und landeten um 8.00 Uhr morgens Ortszeit in Peking.

## Traum vom Radfahren

Ich hatte eine bestimmte Vorstellung von Peking, in meiner Phantasie sah ich große breite Straßen voll mit blau uniformierten, fahrradfahrenden Menschen. Chinesische Häuser mit abgeschirmten Innenhöfen in denen die großen Familien ungestört von Treiben der Stadt ihr Leben nach alten Sitten gestalten. So wie wir es unzählige Male im Fernsehen gesehen hatten. Die Realität war allerdings schon Anfang der 1990 Jahre ein andere. Noch waren viele Menschen auf dem Rad unterwegs und Fahrrad Rikschas hielten an den Straßenrändern um Fahrgäste auszunehmen und sie dann im Eiltempo an ihr Ziel zu bringen. Ich hatte damals ein, ich sag es mal so immer ein ungutes Gefühl, mich von einem Menschen quasi auf dem Rücken ziehen zu lassen. Aber heute denke ich darüber anderes, die Rikscha Fahrer hatten ein festes Auskommen in ihren Heimatstädten und konnten ihre Familien ernähren. Heute sind viele als Arbeitssklaven in ganz China unterwegs. Arm und rechtlos dem Kapital ausgesetzt.
Ich fuhr viel lieber mit der neuen U-Bahn. Wir konnten die Hinweise und Haltestellen ja nicht

lesen. Also hatten wir uns ein System ausgedacht. Erst einmal im Reiseführer nach lesen wo wir hin müssen, dann die entsprechende U-Bahn Station auf dem Streckenplan gesucht. Abzählen wie viele Stationen gefahren werden müssen und schon ist man vor Ort. Eines unserer ersten Ziele, der Vogelmarkt mit seinem unüberschaubaren, zwitschernden Angebot. Die Chinesen liebten es, ihren Lieblingsvogel im Käfig mit in den Park oder sonst wo hin mitzunehmen. An vielen Häusern waren extra Haken angebracht, damit der Gast seinen Liebling auch gut unterbringen konnte. Auf dem Vogelmarkt wurden ebenfalls Obst u und Blumen feilgeboten. Viele der Früchte waren mir damals noch gar nicht bekannt.

Danach das Mausoleum des Mao tse Tung war. Die Schlage vor dem Eingang war sehr lang, aber es gab kein Drängeln, Rüpeln oder Gemecker, jeder stellte sich ordentlich an und wartete geduldig bis er im Gänsemarsch an dem einbalsamierten, aufgebahrten Köper vorbeikam. Sobald einer der chinesischen Besucher des Toten ansichtig wurde, setzte ein Wehklagen und Weinen an, das sofort wieder aufhörte sobald die Schlange weitergewandert war. Die Gänsemarschschlange endete in einem Raum mit Devotionalien zu dem großen Führer. Geld wurde hier keines verlangt, der Eintritt war ebenfalls frei. Vor dem Gebäude konnte man sich Erfrischungen, Getränke, Obst und Süßigkeiten stärken, die hier von zumeist älteren Frauen zum Kauf angeboten wurden.

Die Verbotene Stadt

Auch die verboten Stadt und der Tien amen Platz waren leicht mit der U-Bahn zu erreichen. Der Platz ist riesig überall, links und rechts am Platz führten zwei Straßen zum Haupttor der Verbotenen Stadt. Rad- und Mopedfahrer in 5er Reihen dazwischen schon ein ganze Reise hupender Autos. Über dem Haupttor hing ein überdimensionales Banner mit Konterfeien der gerade amtierenden Machthaber. Der Eingang zur Verboten Stadt befand sich an der Seitenmauer, das Haupttor auch Mittagstor genannt war geschlossen. Außer Ursel und mir, versammelte sich nur eine Hand voll weiterer Touristen vor dem Eingang. Der Massentourismus war in China noch lange nicht angekommen und so gab es auch keine besonderen Formalitäten, Personenkontrollen und dergleichen. Wir bezahlten die 3 oder 4 Yüan Eintritt und durften den Innenhof betreten. Die gesamte Grundfläche der Verbotenen Stadt umfasst ca. 720.000 m². 890 Paläste und zahlreiche Pavillons. Die Gebäude wurden aus Holz auf dem Boden der Marmorterrassen errichtet, die Dächer leuchteten in der kaiserlichen gelben Farbe. Besondere Führungen gab s auch noch nicht. Wir sind ungehindert die große Mitteltreppe hinaufgegangen und haben uns wie Puyi gefühlt und versucht, so wie der kleine Kaiser in dem Film, - Der letzte Kaiser-, auf dem Hosenboden, die mit Drachenreliefs geschmückten Marmorplatten, hinunter zu rutschen. Hat viel Spaß gemacht, obwohl die Drachen ein bisschen bremsten und der Hosenboden leicht Schaden nahm. Der Weg führte weiter zu den Palästen der mittleren Harmonie und dem Palast der Wahrung der Harmonie. Das sind die weniger spektakulären Gebäude. Dann traten wir durch das Tor der höchsten Harmonie, welches von zwei Bronzelöwen bewacht wird, und gelangten in die Halle der höchsten Harmonie, in seiner Mitte befindet sich, von zwei Elefanten bewacht, der Thron der Kaiser Chinas, der Drachenthron.

Fünf Stufen führen hinauf. Der Thron selbst ist aus Holz gefertigt, aber üppig umgeben von vergoldeten Auf- und Überbauten.

Im Jahr 1991 waren nur wenige Besucher in der Verbotenen Stadt und der Thron noch nicht abgesichert, wie es vielleicht heute sein mag. Ich bin Stufen hinaufgestiegen und habe mir alles von ganz nah angesehen. Das Berühren der wertvollen Möbel aber bewusst vermieden, etwas anzufassen, das viele tausend Jahre hier verehrt wurde, erschien mir wie Frevel. Dann trat ich ein paar Schritte zurück. Ich hätte es niemals gewagt mich darauf zu setzen.

Durch die Halle der Geistespflege und der inneren Turnhalle gelang t man ich die Palastgärten. In den äußeren Anlagen liegen die weiteren Paläste und Pavillons die zur Hofhaltung dienten zu sehen.

Wir besuchten auch die Gräber der Ming Kaiser, bei meinem Besuch waren die Ablagen noch nicht so touristisch aufgearbeitet wie heute. Durch ein Tor beschritt man den „Weg der Seelen". Ein Fußweg gesäumt mit riesigen steinernen Tierfiguren, Löwen und Elefanten. Wir durften eine Grabkammer besichtigen. Etwas unspektakulär, die Kammer wirkte ein

kleinwenig wie ein einfacher U-Bahn Tunnel.
Mir fiel es sehr schwer mir vorzustellen, dass
dieser Tunnel so alt ist und als Grab der Kaiser
gedient haben sollte.

Ein Punkt auf meiner Bucket Liste

Der für mich wichtigste Teil kam ja noch, ich
hatte diese Reise ja auch gemacht um mir einen
meiner Träume zu erfüllen. Die Chinesische
Mauer. Früher behauptete man gern, sie sei das
einzige Bauwerk das vom Mond aus zu sehen
sei. Aber das ist wohl eine moderne Legende.
Trotzdem war die Mauer so monumental, dass
sie mir meine Grenzen aufgezeigt hat. Um auf
den Mauerkranz zu gelangen muss man an über
die Seitenaufstiege viele Stufen hinaufsteigen.
Diese haben eine bemerkenswerte Tritthöhe und
ich war schon ganz schön aus der Puste als ich
oben ankam. Das Bauwerk passt sich in seiner
Führung der bergigen Landschaft an und so
müht man sich tatsächlich wie auf einem Pfad
den Berg hinauf und hinunter. Die Posten die
hier wachten, ritten mit Pferden über die Mauer,
diese war zum besseren Tritt der Hufe mit
dicken Steinen gepflastert. Über besonders steile
Stellen führten Treppen. Ursel kletterte noch ein
Stück höher. ich konnte nicht weiter, meine

Puste war zu Ende. Mein Traum hatte sich erfüllt, ich stand auf dem imposantesten Bauwerk der Welt. Ich war glücklich.

Meine Reiseerwartungen waren erfüllt, aber dann kam noch etwas Unvorhergesehenes dazu. Am Abend sprach mich in de r Hotelhalle ein junger Mann an, ob ich nicht Lust hätte nach Tianjin zu fahren, eine Hafenstadt südöstlich von Peking. Vor dem zweiten Weltkrieg haben dort viele Europäer gelebt und auch der letzte Kaiser Puyi ist nach seiner Vertreibung aus der Verbotenen Stadt nach Tianjin gekommen. Ich antwortete „ warum nicht, wer bietet das an und wie teuer ist das". Er führte mich in einen kleinen Nebenraum, dort saßen noch ein weiterer junger Mann und eine junge Frau. Sie machten uns ein Angebot für eine Tagestour. Ursel war ebenfalls von dem Angebot überzeugt und wir beide buchten für den nächsten Tag eine Fahrt. Es kostete 15 Mark pro Person. Nachdem die Uhrzeit abgemacht und das Geld bezahlt war, gingen wir zum Essen ins Restaurant. Plötzlich kamen uns Zweifel, ob es richtig sei, so einfach mit wildfremden Menschen in China herum zu fahren. Wir erkundigten uns an der Rezeption nach den jungen Leuten, denn diese hatten das

Hotel bereits verlassen. Man riet uns dringend ab, es gebe keine  offiziellen Angebote nach Tianjin. Denn  kein Tourist möchte dort hin. Aber gebucht war gebucht.

## Eine fremde Welt

Am nächsten Morgen stand einer der Herren vor dem Hotel, weitere Gäste waren weit und breit nicht zu sehen. Man verfrachtete uns in ein Taxi und ab ging es zum Pekinger Bahnhof. Hier wurden wir, mit der Bitte um etwas Geduld der Zug führe in zwanzig Minuten, in den Wartesaal der ersten Klasse gebeten. Wir saßen in weichen Sesseln und uns wurde Tee und Gebäck serviert. Kurze Zeit später erschien der junge Mann wieder bei uns und brachte uns zum Zug. Mit einer Verbeugung verabschiedete er uns in die erste Zugklasse, in Tianjin würden wir m Bahnhof bereits erwartet. Die Fahrt in dem bequemen Zug war viel zu kurz. Die junge Dame vom Abend zuvor und ein weitere Herr der Deutsch sprach begrüßten uns sehr höflich und brachten uns zu einem modernen Kleinbus mit abgedunkelten Scheiben. Wir konnten alles hervorragend sehen, ohne selber gesehen zu werden oder ins Sonnenlicht blinzeln zu müssen. Wir wurden gefragt, was wir denn gern sehen möchten, was man uns unbedingt zeigen solle. Ursel wollte gerne eine Möbelwerkstadt für chinesische Möbel sehen und ich gern eine

Kalligrafie Schreibstube. Wie unsere Gastgeber mit den entsprechenden Werkstätten kommunizierten, kann ich nicht mehr sagen, ob sie damals schon  Mobil telefonierten? Möglich. Aber es ist Ihnen in kürzester Zeit gelungen unsere Wünsche zu erfüllen. Wir besuchten eine kleine Möbeltischlerei, in der in Handarbeit Tische, Stühle und Schränke gefertigt wurden. Danach sahen wir einem alten, schwarzgekleideten Herrn zu, der mit Geduld und absolut  ruhigen Händen Schriftzeichen auf Reispapier zeichnete.  Danach baten wir, dass sie uns durch Tianjin zu  führen. Wir besuchten einen riesigen, unüberschaubaren  Markt auf dem es alles zu kaufen gab, was irgendwie essbar erschien. Hier habe ich Schlangenfleisch probiert, ist sehr lecker. Schildkröten waren  im Angebot, exotische  Fische und Früchte von denen wir noch  nie gehört hatten. Aber das Exotische waren Ursel und ich. Obwohl sich in Tianjin bis zum zweiten Weltkrieg europäische, amerikanische  und japanische Besatzer die Klinke  in die Hand gaben, und auch Deutschland intensive  Handelsbeziehungen unterhielt, was man in der Stadt durchaus an der Architektur noch erkennen kann, gab es in der zweiten Hälfte des 20. Jahrhunderts hier, wie im restlichen China, kaum Touristen aus Europa oder Amerika. Die Marktbesucher umringten uns, hielten uns an den Armen fest und fassten unsere Haare an. Die Mädchen lachten und kicherten ungläubig hinter den vorgehaltenen Händen, wenn wir miteinander deutsch sprachen. Es höre sich so seltsam und lustig an. Die Kinder wurden gerufen und sie mussten uns begrüßen. Wo wir immer wir auch stehen blieben, die Händler haben sich die Zeit genommen uns alles zu erklären, gut dass ein Dolmetscher dabei war. Ich erinnere mich immer noch an die Gerüche auf diesem Markt fremd aber faszinierend und unvergesslich gesehen und dabei so viel Spaß gehabt.

Wir fuhren durch die einzelnen Stadtteile, die von jeher nach Volkszugehörigkeiten aufgeteilt waren. Hier in den chinesische Vierteln wohnten die Menschen noch in den ummauerten, alten Häusern. Eine Mauer umfasste mehre Innenhöfe in denen das Leben stattfand. Hier konnten wir noch einen Teil des alten China kennenlernen. Viele dieser alten Häuser sind heute leider abgerissen. Die Stadtteilstrukturen wurden zerrissen, gewachsen Nachbarschaften verschwunden. Am Tempel des Mitleids, eines der heute beliebtesten Sehenswürdigkeit der Stadt, endete unsere Besichtigung. Der Tempel war noch kein touristischer Mittelpunkt, sondern Teil der städtischen Bebauung.

Wir hatten Hunger bekommen und unsere Reisebegleitung schlug uns ein Restaurant vor. Es gehörte zum gehobenen Treffpunkt, der besser gestellten chinesischen Gesellschaft. Hier traf man sich um Geschäfte zu tätigen, Familienfeiern und Freunde treffen, sehen und gesehen werden, zu zeigen, dass man es sich leisten kann. Das Essen kostete ein paar Mark extra, aber trotzdem so wenig, dass wir keine großen Erwartungen hatten. Man versprach uns, nach dem Essen noch eine kleine Überraschung, bevor es sehr spät mit dem Zug zurück nach Peking gehen sollte.

Gegen alle Erwartungen war das Restaurant ein Event. Die Einrichtung traditionell opulent in Gold und rot. Über zwei Etagen saßen die Gäste an runden Tischen, elegant oder traditionell in den blauen Drillichanzügen gekleidete Menschen vor übervollen Schüsseln. Es war laut und fröhlich. Wir wurden in der oberen, etwas exklusiveren Etage an einem der runden Tische platziert, vierzehn Gäste passten um den Tisch. In der Mitte des Tisches war eine zweite drehbare Platte angebracht. Auf dieser Platte wurden dann alle möglichen Speisen serviert. Wer etwas nehmen wollte, dem wurde die Platte zu gedreht und er konnte sich bedienen. Obwohl wir keine gemeinsame Sprache hatten, klappte es mit der Kommunikation doch hervorragend. Wir aßen bis zu platzen. Gemüse gedünstet und gebraten, verschiedene Fleischsorten gebraten und gedünstet. Welches Fleisch wir probiert haben möchte ich gar nicht mehr wissen. Fisch und Schalentiere. Am besten waren Teigbällchen die mit den verschiedensten Sachen gefüllt waren. Sie sahen äußerlich alle gleich aus, der Inhalt wurde nur durch verschiedenfarbige Punkte auf dem Bällchen angezeigt. Für uns war jedes Bällchen eine Überraschung. Zum Schluss wurde eine Suppe serviert, nach dem Essen und das hatte einen Grund. Alle Produkte die gekocht an den Tisch kamen, waren in dieser Suppe gegart. Ich habe nie wieder so eine gehaltvolle und gute Suppe gegessen. Reis gab es übrigens keinen. Reis ist in der traditionellen chinesischen Küche nur ein Sattmacher der den Magen füllt und den Hunger vertreibt. Bei einem guten Essen ist es nicht nötig  sich den Magen damit aufzufüllen. Es wird  ein überreichlich an allen guten Sachen vorhanden sein.  Bei Einladungen zum Essen ist es eine grobe Unhöflichkeit nach Reis zu fragen was, man sie nicht SATT GEWORDEN  bedeuten würden. Wir haben ihn nicht vermisst.

Fehlte nur noch unsere Überraschung. Wir hielt vor einer Halle, ein kunstvolles Stahlgebäude aus dem 19. Jahrhundert. Es wimmelte von Menschen vor und in der Halle, ein reges Kommen und Gehen. In der Mitte des großen Raumes befanden sich zwei riesige Kessel, die in den Boden eingelassen schienen. Vom Rand aus schöpften Männer mit großen Kellen Bier aus den Kesseln und füllten sie direkt in große Glashumpen.  Vor den Kesseln herrschte ein ziemliches Gedränge, aber jeder bekam sein Glas ab. Wir auch, und hier trank ich zu ersten Mal das Bier, das deutsche Siedler in Tsingtau unter dem Namen Germania erstmals brauten.

So eine „Bierschwemme", in der das Bier mit Kellen aus dem Kessel geschöpft und in Gläser gefüllt wird, habe ich nach der Wende auch in Pilsen erleben dürfen. Beide Biere waren hervorragend.

Unsere Reisebegleiter brachten uns danach zu Bahnhof und verabschiedeten sich sehr höflich von uns. Wir waren begeistert von diesem Tagesausflug und sparten nicht mit Lob. Unsere Gastgeber baten uns noch, vielen anderen ausländischen Touristen von unseren Erfahrungen zu erzählen. Fünf junge Leute hatten dieses kleine Unternehmen gegründet und die Erlaubnis erhalten, den Touristen China zu zeigen. Aber von staatlicher Angestellten und auch in den großen Hotels wurde ihnen das Leben nicht leicht gemacht. Sobald sie den Ausländern ein Angebot unterbreitet haben und Interesse geweckt war, wurde bei den Gäste, durch die Mitarbeiter an den Rezeptionen oder staatlichen Reiseleitungen, sofort die Angst geschürt es handele sich um ein betrügerisches Angebot. Ich hoffe die jungen Leute haben es in den folgenden Jahren des Aufbruchs in China geschafft. Verdient hätten sie es. Ursel und ich wurden am späten Abend, mit unvergesslichen Eindrücken, zufrieden in unser Hotel zurück gebracht.

# Kurdistan
## 1985
## Der Weg nach Istanbul

1986 bin ich in eine kleine Stadt am Rande des Münsterlandes die Dorsten heißt zu meinem Schatz gezogen. Ich war gerade zur Justizbeamtin z.A. ernannt worden und die finanzielle Decke war äußerst dünn. Der Umzug tat ein Übriges und so war an eine Urlaubsreise nicht zu denken. Ein Umstand der mir bei meiner Reisebegeisterung nicht gerade entgegen kam. So kam ich an eines schönen Tages an dem Schaufester eines Reisebüros vorbei und las dort von Fernweh geplagt, die Aushänge. Einer sprang mir sofort ins Auge.

10 Tage Türkei, Halbpension, Eintrittsgelder, Busreise. Das ganze Packet für 250 DM.

Mein Interesse war geweckt, der Preis auch für mich machbar. Ich buchte.

Als Herbert davon erfuhr, war er wohl nicht gerade begeistert, er hinderte mich aber auch nicht an der Durchführung. Der Betreiber des Reisebüro Laudenbach so sagte er, sei ein bekannter Dorstener Geschäftsmann und somit wohl solide.

80

Am Abreisetag hieß es früh aufstehen, am Busbahnhof Dorsten pickte uns der Busfahrer der Firma Laudenbach auf, und las nach und nach in verschiedenen Städten Mitfahrer auf, bis der Bus fast vollständig belegt war. Dann ging es auf die Autobahn Richtung Süden. Eine Nachtfahrt, nicht sehr bequem, ich war sehr froh, als langsam die Sonne aufging und wir uns zum ersten Grenzübertritt bereithalten mussten. Die Formalitäten waren in Richtung Österreich schnell erledigt. Frühstückspause in Tirol, Kaffee und frische Brötchen taten jetzt wirklich gut, und waren lecker hochwillkommen, die Reise konnte weitergehen. Es war schon heller Morgen, als wir in der Nähe von Triest in Italien die zweite Frühstücksrast machten. Hier ergaben sich auch erste Gelegenheit die Mitreisenden kennen zu lernen. Zwei junge Männer aus Bochum, einer war ebenso wie ich Beamter in einer Justizvollzugsanstalt, sein Freund studierte in Bochum Politologie. Er hing sehr stark einer linken Ideologie an und war nach eigenen Angaben bei einem Arbeitsaufenthalt in der DDR in seiner Brigade zum -Arbeiter des Monats- gekürt worden. Wahrscheinlich redet man immer von ihm und hält ehrfurchtsvoll sein Bild in Ehren. Denn während er mächtig ran klotzte, hatten seine Kollegen Zeit sich für ihre Einkäufe, und konnten ohne Zeitdruck in den Schlangen vor den Geschäften einzureihen. Materialbeschaffung war einfach notwendiger, als Arbeitsleistung. Die beiden waren Volker und Günter

Dann ein nettes junges, etwas konservatives, Paar aus Essen. Studenten, die mit linker Politik so gar nichts anfangen konnten. Angelika und Harald.

Drei junge Frauen die als Arbeitskolleginnen in einem Bochumer Schuhgeschäft arbeiteten, und gemeinsam eine Reise ohne Partner machten, um ein bisschen die große Welt zu erleben. Sie hatten die Angewohnheit sich alle gleichzeitig augenblicklich zu setzen, sobald eine Sitzgelegenheit vorhanden war. In ihrem Schuhgeschäft gab es die Anordnung des Chefs, dass die Verkäuferinnen immer stehen mussten, auch wenn kein Kunde im Laden war. So hatte man sich eines angewöhnt, kaum war der Chef aber außer Sichtweite, Schwups hatten alle einen Sitzplatz eingenommen. Anders wäre die lange Arbeitszeit, ausschließlich im Stehen, unerträglich gewesen. Brigitte, Renate und Silvia

Der achte im Bunde, ein etwas seltsamer Zeitgenosse, nicht mehr ganz jung. Er lebte bei seiner Mutter und sein einziges Hobby war es die Welt zu bestaunen. Alaska, China, Amerika und Kanada, Asien, Afrika waren seine Ziele, was er auch anhand seines Passes gerne unter Beweis stellte.

Und ich.

Wir neun verstanden uns auf Anhieb gut und redeten und diskutierten, was uns die nächsten Tage wohl bringen würden.

Zagreb im Frieden

Hinter Triest ging es über die Grenze nach Jugoslawien und am späten Nachmittag kamen wir an unserem ersten Übernachtungspunkt, Zagreb, an. Unser Hotel thronte auf einer Anhöhe. Es war sehr modern und alle Zimmer gut ausgestattet. Die Sonne ging hinter den Bergen in Gelb, Rosa, Rot und Lila unter, bis zum Abendessen hatte ich noch in wenige Zeit, und ich genoss den herrlichen Sonnenuntergang auf dem Balkon meines schönen Zimmers. Der Blick hinunter zu den Häusern, die friedlich in einem Tagkessel lagen, war beruhigend und heimelig. Über das ganze Tal leuchteten tausende goldene und silberne Lichtpunkte, die wie Sterne vom

Himmel gefallen schienen und der gesamten Kulisse einen fast weihnachtlichen Frieden entlockten. Ich schlief in dieser Nacht sehr tief und erholsam.

Am nächsten Morgen nach dem Frühstück machten wir einen Rundgang über den Markt, der direkt vor dem Hotel aufgebaut war. Großes Gewimmel. Markhändler schrien um ihre Ware anzupreisen und Kundschaft an die Stände zu locken. Freundliche Menschen, Obst und Gemüse im Überfluss. Alles was man als Lebensmittel benötigt, Fische, Dauerwurstwaren und Brot wurden angeboten. Aber auch alles was man nicht braucht, aber unbedingt haben will. Musikkassetten, billiger Schmuck, Spielzeug und vieles mehr. Die Marktfrauen übertrafen sich, wer am lautesten schrie, verkaufte offensichtlich mehr und besser. Kinder liefen lachend an uns vorbei. Wir deckten uns reichlich mit Lebensmittel ein, denn noch vor dem Mittagessen ging es weiter in Richtung Plovdiv Bulgarien.

Unser Hotel sollte neun Jahre später traurige Berühmtheit erlangen.

## Kroatienkrieg

Bei einem Referendum im Mai 1991 sprachen sich 94,7 Prozent der Abstimmenden für eine Loslösung der Sozialistische Republik Kroatien von der sozialistischen föderativen Republik Jugoslawien (SFRJ) aus. Dieses Referendum wurde vor allem von den Serben boykottiert, die in der neuen Verfassung Kroatiens nicht mehr explizit erwähnt wurden und sich zu einer nationalen Minderheit degradiert fühlten. Sie strebten danach eine Loslösung von Kroatien und den Verbleib in der SFRJ an. Nach sich häufenden gewalttätigen Zusammenstößen versuchte die JNA zunächst, das gesamte kroatische Gebiet unter ihre Kontrolle zu bekommen, scheiterte jedoch an der kroatischen Gegenwehr. Daraufhin beschränkten sich die Kampfhandlungen auf das Gebiet der später gebildeten RSK. Letztlich konnte die kroatische Armee durch ihren militärischen Sieg die territoriale Integrität Kroatiens innerhalb der international anerkannten Staatsgrenze durchsetzen. Der **Raketenbeschuss auf Zagreb** am 2. und 3. Mai 1995 war eine von bewaffneten Einheiten der Republik serbisch Krajina durchgeführte Kampfhandlung während des Kroatienkrieges Die Einheiten feuerten dabei

*Boden-Boden-Raketen auf die Zagreber Innenstadt, wobei 7 Menschen getötet und 214 weitere verletzt wurden. Es war ein Vergeltungsschlag für die kroatische Militäroperation Blitz. Der für den Einsatz verantwortliche serbische Militärführer Milan Martic wurde 2007 vom Internationaler Strafgerichtshof für das ehemalige Jugoslawien auch wegen dieses Angriffs wegen Verbrechen gegen die Menschlichkeit zu 35 Jahren Haft verurteilt. Der fröhliche Markplatzt wurde zum Schauplatz eines schrecklichen Blutbades. Das moderne Hotel geschlossen und für Kriegsflüchtlinge eingerichtet. Auf lange Zeit gab es so gut wie keinen Tourismus mehr in dieser Region. Jugoslawien hatte aufgehört zu existieren.*
*Quelle: Wikipedia*

## Durch Schluchten und Täler

Unsere Fahrt ging weiter über die Grenze nach Bulgarien. Griechenland wurde umfahren. Der ständige Konflikt zwischen Griechenland und der Türkei um die Insel Zypern ließ wohl ein Durchfahren des Sozialistischen Staates Bulgarien, als die einfachere Lösung erscheinen. Landschaftlich war es ein absolutes Highlight. Unser Bus schraubte sich langsam auf der engen, vielfach noch unbefestigten Passstraße des Balkangebirges aufwärts. Schob sich durch enge Felsschluchten die das Gefühl vermittelten, sie würden im nächsten Augenblick über uns zusammenstürzen und uns für immer begraben. In den Seitentälern weideten Schafherden auf dem flachen, aber mit unzähligen Wildkräutern bewachsen flachen Grasweiden. Begleitet von einsamen Hirten in traditioneller Kleidung und Umhängen aus Schaffell. In den größeren, sonnigen Tälern breiteten sich riesige Mohnfelder vor uns aus. Die wunderschönen weißen Blüten bewegten sich anmutig im leichten Wind. Ein Anblick der mich sehr berührte, und er ist für immer in meinem Gedächtnis verwurzelt ist. Kaum zu glauben welches Unglück und welche Not diese einmalig schöne Pflanze in der Hand des Menschen auslöst.

Am späten Nachmittag trafen wir in Plovdiv ein. Wer einmal in der SU oder seiner Satellitenstaaten unterwegs war, kennt Städte wie Plovdiv. Viel Beton und Hochhäuser ohne Farbe oder Schmuck. Unser Hotel, ein mehrstöckiger Betonklotz, lag etwas außerhalb und so gab es keine Möglichkeit tatsächlich etwas von der Umgebung zu sehen.

Kotelett, Frikadelle, Schaschlik

Unser Reiseleiter drängelte ein bisschen beim Einchecken. Das Abendessen sei vorbestellt und es wäre gut die ganze Gruppe beieinander zu haben. Wir wollten das nicht, denn nach der langen Busfahrt war uns allen nach einer Dusche und frischer Kleidung. So verabredete sich unsere kleine Gruppe eine Stunde später vor dem Restaurant, das eher einer Kantine, als einem feinen Speiseraum glich. Wir betraten gemeinsam das Restaurant und sahen uns nach einem Kellner um, der uns an unseren Tisch führen sollte. Leider wurden wir geflissentlich übersehen, Kellner und Serviererinnen huschten mit Tabletts voll Speisen und gebrauchtem

Geschirr, geschickt um uns herum und nahmen uns gar nicht wahr. Auf unsere erst nachdrückliche, dann verärgerte Nachfrage beim Chef des Service bekamen wir zu hören, die Zeit zum Abendessen sei bereits vorbei man bedauere, aber wir waren eben nicht pünktlich bei unseren Leuten. Jetzt gibt es nichts mehr. Punkt.

Nach einer kurzen Gedankenpause rief Harald unser junger konservativer Student, „Leute wir setzen uns in die Lobby". Er ging voraus und wir folgten, an der Bar wurden neun Pivo/Bier bestellt und, mit Volkers und Günters Hilfe ein der Rauchtische in der Lobby so zu Recht gerückt, dass wir Neune Platz fanden. Dann forderte er konsequent und souverän, „geht nach oben und holt eure Proviantvorräte aus Zagreb. Bringst auch eure Taschenmesser mit". Nach dem das erledigt war und wir wieder beisammen saßen, begann unser Festmahl. Mitten in der Halle des ausgebuchten Hotels. Wir schnitten herrliche Salami und guten Käse auf. Dazu das noch immer sehr frische Brot vom Markt. Obst und Tomaten. Dazu ein zweites Pivo. Wir genossen und hatten Spaß. Bis die Hotelleitung auf uns aufmerksam wurde. Man dürfe in der

Lobby kein eigenes Essen verzehren. Abendessen gäbe es schließlich im Restaurant. Das war ein guter Witz, denn das war bereits im Feierabendmodus. Egal, wir waren längst satt, zufrieden und ein bisschen angeheitert, denn auch kroatischer Wein war noch zum noch zu Vorschein gekommen nebst einer kleinen Flache Slibowitz, die von uns freudig begrüßt wurde. Dann trat doch noch ein Mitarbeiter an uns heran, der uns etwas nachdrücklich bis penetrant doch noch ins Restaurant versetzen wollte. Es habe da wohl Missverständnisse gegeben. Selbstverständlich erhalten wir ein Abendessen. Wir waren zwar schon satt und zufrieden, taten ihm aber den Gefallen und ließen uns im Speisesaal nieder. Eine Speisenkarte gab es nicht, nur zwei genervte Servierdamen, die uns barsch das Angebot um die Ohren schlugen: Kotelett, Frikadelle, Schaschlik. Ob man vielleicht einen kleinen Salat bekommen könnte? Nein!!! Kotelett, Frikadelle, Schaschlik. Wir bedauerten, leider hatten wird so gar keinen großen Appetit mehr, pressten aber vorsichtshalber noch ein Pivo und einen Pudding in uns noch hinein, der war uns noch ungefragt vorgesetzt worden. Dann verabschiedeten wir uns in die Nacht.

Bei uns zu Hause ist es zu einem geflügelten Wort geworden. Wenn dich jemand fragt, was gibt's denn zu essen. Antwort: Kotelett, Frikadelle, Schaschlik. Oder was gab es zu Heinis oder Margrets Geburtstag? Kotelett, Frikadelle, Schaschlik.

## Verheißung am Bosporus

Weiter nach Erdine hier überschritten wir die Grenze zur Türkei. Erst am Abend des dritten Tages quälte sich unser Bus durch die vollen, quirligen Straßen Istanbuls. Hupen und Rufen an jeder Stelle der Stadt. Istanbul war schon vor immer ein Moloch. Einen Bebauungsplan, wie wir ihn kennen, gab und gibst es wohlmöglich immer noch nicht. Wer in der Stadt leben will, muss es schaffen innerhalb einer Nacht vier Mauern und ein Dach aufzustellen, dann darf er bleiben. Unordnung und Zersiedelung sind die Folge. Wie viele Menschen in Istanbul tatsächlich leben und wo diese Menschen Unterschlupf gefunden haben ist unbekannt. Ich war schon mehrfach in dieser, mit allen ihren Facetten doch so faszinierenden Stadt. Für mich war sie viele Jahre meine absolute Traumstadt. Bis ich zum ersten Mal nach Rom kam. Aber das ist eine andere Geschichte.

Unsere Unterkunft befand sich im Aksaray, einem alten und ärmeren Viertel der Stadt. Viele kleine preiswerte Hotels boten hier Zimmer an. Mietzeiten von einer Stunde bis zu Wochen. Uns war das gleichgültig, wenn man jung ist benötigt man keinen Komfort, Hauptsache das Bett und das Bad sind sauber. Wir konnten uns nicht beschweren.

Gleich nach dem Frühstück am nächsten Morgen machte sich unsere kleine Gruppe auf die Stadt zu erkunden. Sehr vorteilhaft ist es hier, dass alle Sehenswürdigkeiten die der Tourist unbedingt sehen muss, nah beieinander liegen Blaue Moschee, Hagia Sofia, Sofia, sie sind schnell abgewandert. Ich kannte die touristischen Höhenpunkte der Stadt bereits und so trennte ich mich für zwei drei Stunden von den anderen. Ich hatte noch einen Auftrag zu erfüllen.

Petra im Bazar

In den achtziger Jahren des letzten Jahrhunderts begann ein Modehype seinen Siegeszug. Kleidung war nicht einfach Bekleidung, nein sie musste ein sogenanntes Label tragen. Den Namen des Modedesigners auf dem Shirt oder den Socken zu tragen, war wichtiger als Qualität, Langlebigkeit oder eine gute Passform des Kleidungsstückes. Nicht jeder konnte und wollte sich diese teuren Stücke leisten. Eine ganze Industrie in den asiatischen Ländern war damit beschäftigt von den teuren Waren, billige Kopien zu fälschen. Die Türkei war die Hochburg des Verkaufes gefälschter Markenklamotten.

Meine Kolleginnen hatten mich mit einem Einkaufszettel in die Ferne geschickt. T-Shirts, Polo- Shirts und Socken waren zu besorgen. Ich stieg in den Linien-Bus zum großen Bazar, hier sollte ich wohl fündig werden. Im großen Bazar gibt es alles, was man sich vorstellen und noch mehr von dem, was sich nicht vorstellen kann. Ich wurde schnell fündig. Socken mussten es sein, dreißig Paar Universalgrößen. Nachdem ich ein paar zu aufdringlichen Händlern entkommen bin, entschied ich mich für einen kleinen, sehr modern in Glas und Metall eingerichteten Laden. Ein junger Mann saß an einem kleinen Schreibtisch und prüfte die Listen, die vor ihm ausgebreitet lagen. Zwei Jungen, etwa 15 Jahre alt, packten im hinteren Teil des kleinen Geschäftes Waren aus Kartons und räumten sie in die Glasregale. „Merhaba", sagte ich von der Tür aus und der junge Mann bat mich herein. Ich erklärte ihm, halb englisch und halb türkisch was ich wünschte. „Sie können ruhig Deutsch sprechen, wir sprechen hier alle Sprachen", kam als Antwort. „Dreißig Paar alle Farben" wünschte ich. „Wie hoch ist der Preis"? Er antworte, „ Pro Paar 6 DM!" Ich drehte mich wortlos um und wollte den Laden verlassen, natürlich ganz langsam. „Augenblick meine Dame, das ist doch wohl nicht zu teuer bei der Qualität? „Was denken sie, was solche Socken wert sind?" „ 1 DM, mehr auf keinen Fall!" Er schnappte gespielt nach Luft und wir handelten den Preis aus, die Jungen hatten bereits zwei große Plastiktüten in den Händen und füllten diese je nach Preisansage und nahmen wieder welche heraus, wenn das Gegenangebot kam. Wir einigten uns auf 1,50DM pro Paar, wenn ich 35 Paar nehmen würde. So blieb das Gesicht gewahrt. Während mein Päckchen gepackt und verschnürt wurde, fragte mich der junge Mann, „ Wo kommen sie denn her, ich dachte sie seien aus Deutschland?" Ich antwortete, dass dies richtig sei. „ Nein, sie kommen nie und nimmer aus Deutschland, die Deutschen können und wollen auch nicht handeln!" Ich zuckte mit den Schülern, bedankte mich und verließ den Laden. Ich war zufrieden, wohlwissend, dass auch der Händler auch auf jeden Fall seinen Schnitt gemacht hat.

Weiter zu den Shirts. Vierzig T-Shirts oder Poloshirts Universalgrößen, Farben egal. Diesmal entschied ich mich für eines der kleinen alten Bazar Geschäfte, die aus einem Zimmer bestehen und wie ein vollgepackter Wandschrank aussehen. Ein älterer Herr im weißen Kaftan und weißer gehäkelter Mütze saß vor dem Laden, bat mich einzutreten und mir seine Wahren anzusehen. Er tat dies mit einer Handbewegung die mir zeigte, dass er Zeit habe und ich in aller Ruhe auswählen könne. 8 DM sollte ein Shirt kosten. Viel zu teuer. Die Verhandlung ging hier viel ruhiger und langsamer voran. Nach verschieden Angeboten und Gegenangeboten einigten wir uns für 3 DM das Stück. Die von mir nach verschiedenen Farben ausgewählten Shirts wurden verpackt und verschnürt. Doch bevor ich bezahlte, bestand der Händler darauf, dass ich noch einen Chaj mit ihm trinke, er hatte bereits den Tee Jungen plus Messingtablett, mit einer Handbewegung fortgeschickt, um Tee zu holen. Ich wurde aufgefordert Platz zu nehmen, der Junge käme gleich zurück. Der Händler hielt sich unaufdringlich im Hintergrund und so saß ich allein, auf dem Händlerstuhl, vor dem Laden, als sich zwei ältere Damen näherten. Sie waren unzweifelhaft aus Deutschland und hatten wohl auch Aufträge von Enkeln und Neffen zu besorgen. „Was meinst du Hilde, sind die Dinger wohl in Ordnung? Sehen ja ganz gut aus." „ Ich weiß nicht Mia, aber die Junges wollen welche haben." Ich mischte mich in ihr Gespräch. „Sie können dieses T-Shirt unbedenklich kaufen, sind von hoher Qualität, auch nach dem Waschen noch in Form." „ Sie sprechen Deutsch, ach wie schön". Ich antwortete ehrlich, dass ich Deutsche sei. Darauf wurden die Beiden zutraulich. „Wieviel kostet so ein Teil" „ 10 DM" sagte ich. Die Beiden atmeten etwas tiefer ein. „Egal, ist doch für die Jungens und sie sind ja Deutsche, sie wissen ja was es kosten darf". Wir möchten fünf Stück. Ich drehte mich kurz zu dem Händler um und sah, dass er die ganze Sache sehr wohl beobachtet hatte und schon einen Plastikbeutel zum Verpacken in der Hand hielt. Ich kramte in meinem Gedächtnis nach passenden türkischen Worten und fragte ihn. „ Satis iyi mi - Verkauf o.k.? Fiyat ON DM – Preis 10 DM". Ihm ging das aber offensichtlich zu schnell so ganz ohne handeln und er antwortete leise. „ Sekiz DM – 8 DM". Zu den Damen gewandt sagte ich, „ ich kann ihnen die Shirts für 8 Mark überlassen, ist ein Freundschaftspreis, weil wir alle Deutsche sind." Die Beiden waren hocherfreut, lobten meine

Sprachbegabung und zogen glücklich mit ihrer Beute von dannen.

Mein Tee stand jetzt bereit, wir nickten uns zu und tranken den sehr guten Schwarztee. Der Herr fragte mich freundlich, ob ich in Istanbul lebe. Als ich verneinte und sagte ‚ich sei nur hin wieder in der Stadt, machte er mir das Angebot, ich solle mir das doch überlegen in Istanbul zu bleiben, es kämen so viele deutschen Touristen in den Bazar die ängstlich seien, er würde mir eine Stelle als Verkäuferin anbieten, nur für die deutschsprachige Kundschaft. Ich würde es mir überlegen, trank meinen Tee aus, bedankte mich und verabschiedete mich von dem freundlichen Herrn. Leider war ich in den folgenden Jahre nicht mehr so oft in Istanbul und ich eine Stelle im Bazar nicht mehr nötig. Eigentlich sehr schade.

## Yakup 2

Am letzten Abend unsere Reise hatte sich unsere Gruppe zu einem besonderen Abendessen verabredet. Harald, unser Student, ging nie ohne seine diversen Stadtführer aus dem Haus. Alle Besichtigungen und Sehenswürdigkeiten, die wir gemeinsam ansteuerten waren perfekt ausgearbeitet und von Harald auf Herz und Nieren geprüft. Für das erwähnte Abendessen hatte er ein Restaurant ausgewählt, dass nur in wenigen Reiseführern zu finden war. Türkische Studenten hatten Harald davon berichtet und ihm ans Herz gelegt. Sollte er jemals nach Istanbul kommen, müsse er dort einkehren und bei einem Abendessen das exzellente türkische Essen genießen, zu dem auch immer Livemusik gespielt wurde. Das kleine Restaurant wurde von zwei Herren die beide Yakup hießen geführt. Es sollte sich in Galata (heute Karaköy) in der Nähe des Galata Kulesi des Galaturmes befinden und trug den Namen „Yakup 2"-Yakup two". Wir machten uns am späten Nachmittag auf den Weg. Mit der Stadtseilbahn war es ein Klacks den Galataturm zu erreichen. Ein Taxi wäre die einfachste Variante um an unser Ziel zu gelangen. Aber Harald war dagegen. Wir würden zwei Wagen benötigen und es sei dann nicht sicher, ob alle ordentlich angekommen. Nein wir bleiben zusammen und finden unseren Weg gemeinsam zu Fuß. Navigationssysteme oder Mobil Phone gab es noch nicht. Wir hatten einen Stadtplan, den ihm ein türkischer Freund für die Reise überlassen hatte, er hatte auch freundlicherweise die Stelle, an der das Lokal liegen sollte, mit einem Kugelschreiberkreuz markiert. Nur hatte er damit auch den Straßenamen fast unkenntlich gemacht. Zu Anfang begegneten uns noch Passanten, die wir nach dem Weg fragten, leider immer ohne Erfolg. Entweder wollte man uns den Weg nicht nennen oder „Yakup 2" existierte gar nicht. Es wurde langsam dunkel und die Gegend immer einsamer. Wir wollten weg. „ Fahren wir doch zur Europabrücke und essen in einem der niedlichen Fischrestaurants." Nein Harald ließ nicht locker und dann plötzlich standen wir davor. Eine Neonreklame mit dem Namenszug „Yakup" daneben, politisch völlig inkorrekt, zwei stilisierten Türken mit Fes und Schnauzbart, dürfte man heute gar nicht an einer Hauswand anbringen. Das Restaurant wirkte eher wie eine

Grillbude, aber wir hatten Hunger und die Tür stand weit geöffnet und es dufte verführerisch. Ein Herr im mittleren Alter kam auf uns zu stellte sich als Yakup vor und fragte, ob wir etwas suchen oder eine Wunsch hätten. Wir erklärten in gebrochenem Englisch, wir möchten gern zu Abend essen. Es folgte ein Stirnrunzeln auf dem Gesicht des freundlichen Herrn, er schaute uns von einem zum anderen an, dann gab er Tür frei und wies mit einer einladenden Geste auf den Innenraum. Wir traten ein und befanden uns unvermittelt in einem gemütlichen Raum mit vier runden Tischen jeder Tisch für max. 10 bis 12 Personen. Drei Tische waren belegt mit fröhlichen Gesellschaften, die bereits dem Raki zusprachen und auf ihre Mezze- Vorspeisen warteten. Yakup1 erklärte uns, dass wir Glück hatten, denn er belege die Tische an jedem Abend nur einmal. Wenn alle Plätze belegt sind, wird die Tür verschlossen und man ist unter sich. Yakup 2 schaute aus der Durchreiche zur Küche, er sei nur für die Küche zuständig. Eine Speisekarte wurde nicht benötigt, auf den Tisch kam was Yakup kochte. Wir wurden nicht enttäuscht. Ich habe NIE wieder so gute Mezze gegessen und der Hauptgang aus Fisch und

101

Fleisch, Gemüse und was noch alles waren köstlich. Nach dem Hauptgang spielten drei Musiker auf. Die Gäste sangen mit und bewegten sich fast tanzend auf den Stühlen. Wir kamen schnell mit den anderen Gästen ins Gespräch. Man war überrascht Deutsche hier zu treffen, denn das Lokal war fest in Einheimischer Hand, Fremde und Touristen kamen niemals in die kleine Nebenstraße in Karaköy. Der Abend war lang und feuchtfröhlich und es wurde schon hell bis wir zu unsrem Hotel zurück fanden. Anfügen möchte ich noch, dass wir bei der Rechnung nicht in schwitzen kamen.

Es war allerdings das letzte Mal, dass ich in Istanbul in einem Restaurant nicht übers Ohr gehauen wurde.

Eine Suche im Internet ergab das es ein Restaurant „Yakup 2" immer noch in Istanbul gibt. Es gibt offensichtlich sogar zwei. Es finden sich Bewertungen auf Tripadvisor und ähnlichen Plattformen. Yakub 2 scheint in der Touristischen Welt angekommen. Die Bilder und Kommentare haben mit dem Erlebnis aus meiner Erinnerung nichts mehr gemein. Die Lokale sind Touristenfallen mit hunderten

Plätzen. Geld verdient wird hier sicher genügend. Aber die Gefühle werden betrogen. Schade.

Die Zeit in Istanbul verging viel zu rasch und unsere Rückreise war eher unspektakulär. Der Reisebus flog über die Autobahnen, ohne Übernachtung und spie er uns am Busbahnhof Bochum wieder aus. Wir standen, ziemlich gerädert, noch eine ganze Weile beisammen und ließen die unsere Erlebnisse Revue passieren. Wir haben so viel gemeinsam und erlebt, gegessen, getrunken und gelacht, wir versprachen hoch und heilig, uns so bald wie möglich wieder zu sehen und vielleicht noch einmal so eine Reise zu machen. Nach und nach wurde jeder von seinen Angehörigen aufgepickt und entschwand in seinen Alltag.

Ich habe niemanden aus der Gruppe wiedergesehen.

## Ägypten

## 1998, 2002

Die Pyramiden und mein Tod auf dem Nil
Man darf wohl behaupten, dass Ägypten zu einem der ältesten Sehnsuchtsorte vieler ausländischer Touristen zählt. Auf der Suche nach den Geheimnissen der mehr als 3000 Jährigen Geschichte von Pharaonen und Königsgräbern, kolossale Statuen und Sphinxe und Ausgrabungen altere Tempel, reisen sie in Massen in das Land am Nil.
Mir erging es nicht anders. Zweimal bin ich hingereist. Kairo, die märchenhafte Verlockung mit der Aussicht  das letzte noch vorhandene antike Weltwunder mit eigenen Augen aus der Nähe zu sehen. Und mit dem Schiff auf dem Nil nach Luxor zu fahren. Vor meinen geistigen Augen stand Hercole Poirot mit mir an Deck und wir klärten gemeinsam den Mordfall -Tod auf dem Nil- auf. Genauso wie Agatha Christie es in ihrem Roman beschrieb, Leider kann die Wirklichkeit in keinerlei Weise mit der Literatur konkurrieren. Kairo ist eine der hässlichsten, schmutzigsten Städte die ich auf meinen Reisen

kennengelernt habe. Lebensgefährlicher Autoverkehr auf den Straßen. Smog, der wie eine Glocke über der Stadt liegt. Ein Häusermeer aus grauer Betonarchitektur . Ein Haus am anderen, ein Haus wie das andere.

Nostalgisch wie ich bin, hatte ich mir ein Zimmer im legendären Mena House reserviert. Direkt an den Pyramiden. In dem, wohl etwas veralteten Hotelprospekt, konnte der potentielle Gast schon einmal seinen Träumen nachgehen. Legendäres Hotel. Schlafen sie in Zimmern, die in der Vergangenheit nur Prominenten vorbehalten waren. Es folge eine Aufzählung der Persönlichkeiten die schon einmal im Mena genächtigt haben. Die Gartenanlage des Hotels grenze direkt an das Gelände der Pyramiden und die Lage der Zimmer, ein unverbauter Blick auf das Wunder.

Die Realität wies schon bei Ankunft kleine Risse auf. Das Hotel war in die Jahre gekommen. Eine große dunkle Empfangshalle in der es, wie auf einem Großstadtbahnhof wimmelte. Fauteuils und Sofas, verblasst und verschlissen, luden nicht gerade zum Verweilen ein. Service wurde ganz klein geschrieben. Aber immerhin, der Garten war da, wenn auch etwas kleiner, als in meiner Vorstellung. Aber hinter der grünen Oase, tatsächlich da waren sie, die Pyramiden. Aus meinem Fenster  konnte ich sie leider nicht sehen, dieser Blick war der gehobenen Preisklasse vorbehalten.

Wer jetzt meint sich, in legeren Khaki Hosen und Tropenhelm, gekleidet, auf dem Rücken eines Kamels die Wüsten zu durchqueren, um dann ehrfürchtig und allein  vor dem Wunder zu stehen? Der hat sich getäuscht.  Die Stadt Kairo breitete sich  Laufe der Jahre sehr stark aus. Die Menschen, die immer noch in der Hoffnung auf ein besseres Leben in diese  Stadt strömen, suchen Auskommen und Unterkunft um zu überleben. Die Pyramiden liegen an vielbefahren Straßen. Die Wohngebiete sind so nahe an das 3500 Jahre alte Monument herangerückt und es hat es fast verschlungen.

Touristenströme aus der ganzen Welt drängeln und knubbeln sich vor den Kassen Häuschen. Jeder möchte gern allein davor stehen, das ist natürlich unmöglich und so wird vorgedrängelt, geschubst und gemeckert, bis alle ihr Ticket haben und dann geht der Run auf die Monumente los. Für viele Einheimische ist der Tourismus die einzige Einnahmequelle und so tobt ein erbitterter Konkurrenzkampf, um jeden vermeintlich reichen Ausländer. Betrug, Diebstähle, Abzocke sind an der Tagesordnung. Kamele stehen bereit, um die unsportlichen und der Hitze nicht gewohnten Briten, Deutschen oder Skandinavier, für einen stolzen Preis ein paar Meter weit zu transportieren. Das Auf- und Absteigen wird von den Kamelführern so umständlich zelebriert, dass auch das Zuschauen Freude macht, Wenn Tante Lieselotte und Onkel Franz, in kurzen Hosen, mit Strohhut und Sonnentop, auf dem Kamel schaukeln, wie auf dem Butterschiff nach Helgoland bei Windstärke 9. Trotzdem steht man letztlich bewundernd vor den tausend Jahre alten Mauern und umrundet voller Ehrfurcht die Pyramiden und verweilt vor der Sphinx und fragt sich ob es wirklich Asterix und seine Gallier waren, die dem Pharao die Nase abgeschlagen haben.

## Im Konvoi nach Luxor

Die Pyramiden habe ich gesehen. Es wurde Zeit sich nach Luxor begeben. .Nach einer Konvoi Fahrt mit 50 Bussen durch die Wüste, empfing uns ein sehr schönes, komfortables Hotel direkt am Ufer des Nil. Wir waren zu dritt, Birgit und Mariola, zwei Tanzkolleginnenbegleitenden mich. Uns lockte es den Luxor Tempel, die Tempelanlagen von Luxor und Karnak, der Hatschepsut Tempel und natürlich das Tal der Könige anzusehen. Der Tag versprach angefüllt und anstrengend zu werden. Trotzdem habe ich für mich allein ein Highlight gebucht. Ich liebe das Ballonfahren. Nachdem ich im Jahr 2002 anlässlich meines 50, Geburtstages eine Ballonfahrt in 6000m Höhe über die Alpen geschenkt bekam, ist diese Ballonfahrt ein unvergesslicher Höhepunkt in meinem Leben. Hier in Luxor würde ich mit einem Heißluftballon über das Tal der Könige gleiten

Am frühen Morgen, noch in tiefer Dunkelheit ging es los. Der Startplatz war ein einfacher Acker, auf dem viele junge Männer damit beschäftigt waren die Ballone startklar zu machen. Ob sie wirklich genau wussten, was sie taten? Es waren einfach zu viele Hände, die versuchten irgendwo an den Ballon fassen und dann dafür einen Bakschisch zu erhalten. Nun ja, ich war hier nicht auf dem Flugplatz St. Anton, von aus meine erste Fahrt startete. Nichtsdestotrotz, der Ballon hob ab in den dunklen Himmel und fuhr ohne jegliches Geräusch in Richtung Tal der Könige, dem Morgenrot entgegen. Als die Sonne Aufging glitten wir über die Tempelanlagen von Luxor, die Stadt und den Nil. Das Gelände im Tal der Könige war für Besucher noch geschlossen. Unser Ballon erreichte keine allzu große Höhe, aber das menschenleere Gelände unter uns erweckte doch den Eindruck, als sei hier noch alles so unberührt wir vor 3000 Jahren. Eine erhabene Stille und Ruhe belohnte uns. Unser Pilot stellte mir die Standardfrage, ob ich schon einmal eine Ballonfahrt gemacht habe. Ich erzählte ihm von meinem Abenteuer in den Alpen. Es war überrascht und beeindruckt, dass solche Fahrten überhaupt möglich seien. Ich war sehr froh, dass dieses Gespräch am Ende Fahrt geführt wurde, ich will gar nicht mehr wissen, wo unser Pilot das Ballonfahren erlernt hat. Aber alles ging gut und die vielen Hände der jungen Helfer zogen unseren Ballon, gegen ein entsprechendes Bakschisch auf den Boden zurück. Dieser Ausflug gehört zu meinen schönsten Ägypten Erinnerungen.

## Der Lindwurm am  Moses Berg

Ebenso wie ein weiterer Ausflug in den Sinai, den ich mir sehr  gewünscht hatte. Ich wollte den Moses besteigen und dort den, wie man sagt unvergleichlichen  Sonnenaufgang, zu genießen. In einem Ticketshop am Busbahnhof kaufte ich mir eine Busfahrkarte zum Moses Berg  Der Bus würde um 24 Uhr die Busstation verlassen, also bitte pünktlich vor Ort sein. Alle Fahrzeuge, ob Bus oder Auto, die längere  Touren durch die Wüste von A nach B vor sich hatten, fuhren ausschließlich im Konvoi mit rund 50 oder 60 Fahrzeugen. Terroranschläge  und Überfälle waren in dieser Zeit an der Tagesordnung. Es wäre geradezu lebensmüde gewesen, sich allein auf den Weg zu machen. Ein großer Vorteil dieser Konvoi Fahrten war allerding, dass sich alle Beteiligten rechtzeitig zur Abfahrt einfinden mussten. Der Pünktlichkeit kam das doch sehr entgegen.
Die sehr langweilige Fahrt endete gegen 4 Uhr in Frühe vor einer Raststätte am Fuß des Moses Berges. Hier war schon richtig was los. Besucher, die eine lange Nachtfahrt vermeiden wollten, übernachteten in dieser Herberge, oder

versuchten es zumindest. Der biblische Stall in Bethlehem war sicher komfortabler und sauberer, als dieser Fleck auf der Welt. Aber egal, es gab für alle genug Tee und frisches Fladenbrot und nach der Stärkung wurde es auch schon Zeit sich in den Strom der Pilger, und war ein Menschenstrom der sich in Richtung Berg bewegte, einzureihen. Einfach mitlaufen, verlaufen konnte man sich nicht, denn es führte nur Weg hinauf. Beim Kauf des Tickets wurde geraten eine Taschenlampe mitzunehmen. Das war ein guter Hinweis, denn die Dunkelheit war undurchdringlich und der Weg steinig und uneben. Alle stolperten vorwärts. Obwohl ich frühzeitig vor Ort war, war ich längst nicht unter den Ersten. Ein Blick in Richtung Gipfel ließ Schlimmes erahnen. Menschen konnte ich nicht erkennen, aber ein Lindwurm von Lichtpunkten aus Taschenlampen zog sich bereits den Berg hinauf. Jetzt erst erfuhr ich, dass der Aufstieg wohl drei Stunden dauern würde. Also weiter bergauf. An den Ausbuchtungen in den Kehren des Weges standen Beduinen mit ein, zwei oder drei Kamelen. Mit dem Worten, Camello, Camello, boten sie den Touristen ihre Tiere an. Das Kamel trug die müden Wanderer dann gegen ein Entgelt den Berg hinauf. Eine junge Frau hätte fast den Abstieg auf die ganz schnelle Tour genommen. An einer dieser Kehren standen zwei Kamele mit ihrem Führer. Die Tiere waren unruhig und der Führer hatte Mühe sie zu beruhigen. Dann trat ein Tier plötzlich aus und schubste mit seinem Hinterteil die junge Frau über die kleine Aufschüttung aus Schutt, die den Weg zum Abhang hin begrenzte. Geistesgegenwärtig fassten zwei Männer, die hinter ihr gingen nach ihr, konnten sie festhalten und auf den Weg zurückziehen. Sie war mit dem Schrecken davon gekommen. Unbeirrt setzte der Lindwurm seinen Weg in Höhe fort. Nach einer gefühlten Ewigkeit des stetigen aufwärts Laufens stand ich vor einer aus Stein gehauene Treppe. Von hinten rief Jemand, den ich nicht erkennen konnte, "vorwärts da oben, das sind die letzten siebenhundert Stufen, dann sind wir oben". Ich lachte kurz, aber die Stimme sollte Recht behalten. Aus einem schmalen Berg Grad waren hunderte Stufen gehauen und keine Stufe glich in Höhe und Ausführung der anderen. Ich kraxelte weiter und kam mit letzter Kraft und dem letzten Atem auf dem Berggipfel an. Verschnaufen, umschauen, was war das? Jeder Platz auf dem

Berggipfel war besetzt hunderte, wenn nicht noch Menschen auf diesem kleine Fleck und Weitere krabbelten noch hinter mir hinauf. Man musste stehen, hinsetzen war nicht möglich, zu wenig Platz. Ein Sprachgewirr aus allen Sprachen der Welt umgab diesen Platz so knapp unter dem Himmel.

Plötzlich wurde es still. Am Horizont erschien ein heller Streifen, der in Rot und Gold überging und dann tauchte, wie ein Feuerball der sich aus der Erde aufzusteigen schien, die Sonne auf. Ein wunderbarer mystischer Moment, der den Almauftrieb kurz vergessen ließ. In diesen Regionen der der Welt, sind Sonnen auf- und Untergänge leider nur sehr kurz. Nach einem wirklich sehr kurzen dramatischen Beginn, Schwupps und ohne weitere spektakulären Schnickschnack ist sie einfach am Himmel und ihre Gluthitze brennt von selben Augenblick an unbarmherzig auf die Welt hinunter..

Das Spektakel dauerte vielleicht zwei Minuten? Ein Sonnen auf- oder Untergang am Niederrhein dauert im Sommer alles in allem bis zu zwei Stunden, der Himmel überzeugt in dann in diesen Stunden  mit allen Farben des Spektrums. Aber ich schweife ab.

Jetzt konnte man erst die Massen sehen, die hier versammelt hatten. Manche hatten es nicht geschafft bis zum entscheidenden Moment auf den Gipfel zu gelangen. Sie standen noch auf dem Pfad nach oben, als man sie schon wieder zurückdrängte. Viele hatten den Rückweg schon angetreten, bevor sie oben waren. Tja das ist Schicksal.

Mit dem hellen Tageslicht bekam ich ein anderes, für mich viel einschneidendes Problem. Ich konnte den schmalen Pfad mit den schrägen Treppen jetzt von oben sehn. Oh Schreck ich stand auf einem Berggrat, vielleicht ein Meter breit und rundherum nur Luft und Weite. Kein Felswand oder Geländer die mir Sicherheit suggerieren könnten. Seit dem ich denken kann, leide ich unter Höhenangst. Das hier war für mich die Hölle. Ich konnte mich augenblicklich nicht mehr bewegen, ich war wie gelähmt. Hinter mir wurde schon gegrummelt. Aber ich Hatte Glück freundliche Menschen halfen mir diese 700 Stufen hinunter. Ich bin auf dem Hintern halb gerutscht, halb über dem Boden gekrochen, kam ich schweißgebadet auf dem breiterem Pfad an. Jetzt ging es etwas einfacher, immer an der Felswand entlang, langsam hinunter. Es gelang mir sogar den weiten Blick über die Landschaft zu genießen.

Es war ein Erlebnis, aber wie meine Freundin Jutta schon sagte: „Du willst es sehen, klar, aber Millionen Andere eben auch, daran kann man nichts ändern",

Mein Sohn Uwe verbrachte während seines Studium eine Zeitlang in einem Kibbuz in Megiddo. Der Sinai gehörte in dieser Zeit zu Israel und so war ein Ausflug zum Moses Berg Pflicht. Er erzählte von seinem Besuch im Katharinen Kloster am Fuß des Berges und vom Essen und Trinken und Faulenzen in der Herberge. Er habe leider das „Zeitfenster" in der Nacht für den Aufstieg auf den Berg verpasst. Ausgesprochen gerne wäre er, erst in Dunkelheit, dann in der Mittagshitze über den Pfad gestolpert. Aber er freute sich für mich, dass mir dieser Genuss zuteil geworden ist.

Im Gegensatz zu meinem Sohn gehöre ich zu den Menschen, die erst alles ausprobieren um dann sicher zu sein, was sie nie wieder tun werden.

## Auf nach Al Alamein

Trotz meiner nicht immer so guten Erfahrungen mit dem trotzdem sehr beliebten Touristenland Ägypten, überzeugte mich doch ein Fernsehgericht über die Libysche wüste in Ägypten. Ein deutscher Auswandere hatte hier in einer der Oasen ein Hotel gebaut und bewarb sein Deutschland um seinen Kundenstamm erhöhen- Dieses zu meiner Reisezeit noch nicht touristisch erschlossen Gebiet reizte mich sehr. Die Weiße Wuste, die Schwarze Wüste und die Diamant Wuste waren Begriffe über die erst nachlesen und viel mehr wissen musste, um den Wunsch sie zu besuchen zu verfestigen. Aber dann wollte sie sie sehen. Es war gar nicht so leicht eine Reisemöglichkeit in den Osten Ägyptens zu finden. Zu wenig Infrastruktur für die großen Reiseanbieter. Zu teuer für individual reisenden. Aber ich fand eine Fluglinie aus Albanien, die meinen Wüschen entsprechen können. Ichbuchte. Der Flug ging nach Al Alamain, ein Name der mir aus Kriegsberichten bekannt und mit dem Namen Rommel verbunden war. Ein Kleinbus sollte mich und vier weitere Gäste, zwei junge Paare dann über

117

Alexandria durch die drei Wüsten, dann mit Aufenthalten in den Oasen Siwa, Farafra, Baharinya Dakhla und kharga führen und der Rückflug von Kairo aus stattfinden.

## Alexandria

Unser erster Stopp war Alexandria. Eine Stadt mit ausgeprägtem griechisch mediterranem Flair. Der Fischerhafen lädt zu verweilen ein. Auf dem blauen ruhigen Wasser des Mittelmeers schaukeln unzählige kleine Fischerboote aus Holz. Sie tragen die traditionellen weiß/blauen Malereien am Bug. Fische, Mädchengesichter und das Auge. eine typische magische Malerei in dieser Region. Das Auge soll vor dem „Bösen Blick" schützen.

In Alexandria spürt man, am Lebensgefühl, immer noch die hellenistische Vergangenheit. Die Stadt ist mehr Griechenland als Ägypten. Hier verschmelzen die beiden Kulturen zu einer neuen, leichten und lebensfrohen und freundlichen Gesellschaft. Vom antiken Alexandria ist nichts geblieben.

Der 122m hohe  Leuchtturm von Pharos, eines der antiken Weltwunder, wurde auf einer kleinen Insel in der Einfahrt zum Großen Hafen errichtet,  heute steht dort die Qāitbāy-Zitadelle. Die einzigartige, sagenhafte von Ptolemäus II gegründete  Bibliothek brannte, der Legende nach  im Jahr 48/47v.Chr. unter Cäsars

Besatzung vollständig nieder. Der Palast der Kleopatra versank im Meer und wartet vor der Küste auf seine Wiederentdeckung durch die Archäologen.

Weiter ging es nach Osten, in die Libysche Wüste, die als Weiße und Schwarze Wüsten bekannt sind. In der Weißen Wüste faszinieren den Besucher die meterhohen Skulpturen. Wind, Sand und die Zeit modellierten aus dem weichen Kalkstein märchenhafte oft bizarre Formen. Pilze oder Blumen, auch Tiere aus den Fabeln oder aus dem Leben vermag der Betrachter für sich erkennen, wenn er für sich allein in dieser menschenleeren Gegend staunend vor diesen Gebilden steht. Der Phantasie sind keine Grenzen gesetzt.

Die Schwarze Wüste, Erloschene Feuerberge aus dunkelbraunen bis schwarzen Lavagestein prägen die Landschaft. Ausgetretene Kieselsäure hat Hämatit Eisenerzverbindungen aus dem Boden gelöst und Steine und Sand verkrusten lassen. Die weiße Wüste ist ein Blick in die Feenwelt, die schwarze Wüste ein Blick in die Hölle. Die Wüste endet in der sogenannten „Diamantwüste". Felsen von der Größe mittlerer Findlinge. Überzogen mir unzähligen Feldspat

Kristallen. Sie sind durchsichtige und durch ihren engen Besatz auf den Steinen brechen sie das Sonnenlicht wie geschliffene Diamanten. Aus der Ferne mag sie den müden und durstigen Karawanen wie der Blick des Ali Baba auf die Schätze der 40 Räuber hinter dem Felsentor vorgekommen sein.

Wir verließen die Wüsten um uns in den Oasen eine Ruhepause zu gönnen. Hier locken heiße Quellen zum Entspannen und Seele baumeln lassen. Ich wollte mich vor neugieren Blicken geschützt hinter einem kleinen Erdwall umziehen. Kaum hatte ich die Beine über den Wall geschwungen, war ich auch schon verschwunden. Ich steckte in einem Treibsandsumpf fest. Leichte Panik befiel mich. Sobald ich mich bewegte sank ich tiefer. Ich rief laut um Hilfe, aber das Quellwasser sprudelte so laut aus dem Boden, dass mich niemand hörte. Als ich bis zum Hintern im Sand steckte merkte ich, dass ich nicht tiefer hinunter gezogen wurde. Heute weiß ich, dass dies auch physikalisch zu erklären ist. Man nicht mit dem gesamten Körper ein. Gefährlich ist aber trotzdem, denn der Sand wird um die Beine wie Beton und allein schafft man es kaum wieder heraus. Verdursten, Hitzschlag oder Schwierigkeiten durch das Einklemmen der Extremitäten sind dann gern genommene Todesurteile. Ich hatte Glück. Meine Begleiter hatten schon bemerkt, dass ich urplötzlich hinter dem Berg verschwand, dachten aber ich suche nach einem intimen Plätzchen um mich zu erleichtern und wollten mich ungern in eine peinliche Lage bringen. Als ich jedoch nach zehn Minuten nicht wieder aufgetaucht bin, schauten sie nach mir und zogen mich unter Verlust meiner geliebten Reiseschuhe wieder aus dem Sumpf.

Wir übernachteten in dem kleinen Wüstenhotel des deutschen Auswanderers den ich schon aus dem Fernsehen kannte. Hier war ich dann beim Abendessen auch Gesprächsstoff für die gesamte Oase. Ich bin sicher dass selbst die goldenen Mumien in Sakkara, die kurz vor unserer Reise erst entdeckt wurden und die wir begleitet von den örtlichen Archäologen schon vor Ort ansehen durften, kannten meine Geschichte schon und lachten über mich.

Nach einer abenteuerlichen, spannenden Woche sollte es heimwärts gehen. Aber wir hatten ein

Problem. Die albanische Fluggesellschaft die uns hergebracht hatte, war ein paar Tage nach unserer Ankunft in den Konkurs gegangen. Ebenso hatte der alte ehemals britische Militärflugplatz Al Alamein just in dieser Woche seine Pforten für immer geschlossen. Eine Ära ging zu Ende. Unser Flug war letzte, der auf diesem Flugfeld ankam und abgefertigt wurde.

Wir wurden dann von einer großen deutschen Urlaubsflotte von Kairo nach Düsseldorf mitgenommen. Nicht ohne Presse vor Ort, die und Gestrandete interviewte. Der Werbeetat musste wohl unbegrenzte Mittel enthalten.

## Libyen 2004

Eine zeitreise
Egal wie viele Länder du bereist, wie viele Städte du gesehen und wie viel Menschen du getroffen hast. Einem Fernwehkranken ist es nie genug.
Ich wollte das Außergewöhnliche sehen. Ich wollte nach Libyen. Eines der widersprüchlichsten Länder Nordafrikas. Meine Reise im Jahr 2007 führte noch in die Volksrepublik Libyen unter der Herrschaft von Muamer Gaddafi.
Nach dem Sturz des Königs im Jahr 1965 verfolgte dieser die Bildung einer Republik nach Sozialistischen Vorbild. Die Ansätze klangen gut. Die Bildungsrate, auch bei Frauen in Libyern, ist im Vergleich zu anderen afrikanischen Staaten sehr hoch. Einkommen und medizinische Versorgung staatlich gesichert. Wehrpflicht besteht auch für Frauen. Trotzdem ist die Polygamie, anders in z.B. in Tunesien, nicht abgeschafft. Fremdsprachen dürfen nicht gelehrt werden. Der Islam ist Staatsreligion.

# Djerba

Die Anreise nach Libyen erfolgte für uns über den Flughafen der Insel Djerba in Tunesien. Djerba ist eine Touristeninsel, die besonders bei Briten und Deutschen sehr beliebt ist. Sonne und Strand, preiswerte Unterkunft, vermeintlich original arabischen Essen plus Lebensweise und Alkohol. Alles wird dem Besucher reichlich geboten. Auch werden alte Klischees und Vorurteile, die wir nur zu gern betätigt wissen wollen, egal ob sie stimmen oder nicht, gern von den Händlern und Gauklern auf den Märkten und Gassen bedient. Ich konnte das schon bei meiner ersten Reisen nach Tunesien im Jahre 1988 beobachten, aber es hatte bis 2007 schon bizarre Ausmaße angenommen. An jeder Ecke wurde man bedrängt, kaufen, kaufen, kaufen. Nichts war ihnen heilig, jeder Schund wurde meistbietend feilgeboten. Sollte sich einmal ein Kunde trauen ein Angebot abzulehnen und stur weiterzugehen, wurde er von unflätigen, beleidigenden Sprüchen lautstark begleitet. Trotzdem ist mir das bemerkenswerteste Highlight Djerbas, die al-Ghriba Synagoge, die ich im Jahr 1988 besuchte und als unvergessliche, wunderbare Erinnerung mitnehmen durfte.

### Anschlag auf die Al-Ghriba-Synagoge 2002

*Der **Anschlag auf die Al-Ghriba-Synagoge** war ein terroristischer Anschlag im Jahre 2002 auf der Insel Djerba, Tunesien. Am 11. April 2002 wurde ein Anschlag auf Touristen, die al-Ghriba-Synagoge besuchten, verübt. Dabei fuhr ein Lastwagen, der mit 5000 Litern Flüssiggas beladen war, gegen die Synagoge und explodierte. Infolge des Anschlags starben 19 Touristen. 14 von ihnen stammten aus Deutschland; etwa 30 weitere Personen wurden zum Teil schwer verletzt. Die tunesische Regierung sprach zunächst von einem Unfall, doch internationale Experten gingen von einem Anschlag aus. Im Juni 2002 bekannte sich al-Qaida zu der Tat.*
*Quelle: Wikipedia*

Ich war froh nur eine Nacht in Djerba verbringen zu müssen. Am nächsten Morgen ging es per Bus weiter in Richtung Libysche Grenze.

Der Weg führte eine sehr bemerkenswerte Überlandstraße entlang. Gesäumt mit vielen, für den Mittelmeerraum typischen kleinen Läden, die Obst, Lebensmittel, Fleisch, Krimskrams, Topfe und Pfanne, aber auch Spielzeug und Kleider, eben alles was zum täglichen Leben gebraucht wird auf kleinstem Raum anbieten. Es gab aber hier noch einen Geschäftszweig den ich so noch nie gesehen hatte. Fliegende Händler, meist Jugendliche, boten direkt an der Straße Benzin an. Abgefüllt in alten Plastikflaschen standen diese hochexplosiven Flüssigkeiten Literweise an der Straße. Das Benzin in Libyen war sehr billige und der florierende Schwarzhandel boomte dementsprechend. Der Sprit wurde direkt aus der Flasche in den Tank gefüllt, es war auch nicht nötig, dass Fahrer und Verkäufer sich dabei ihrer brennenden Zigaretten entledigten. Immer wieder gibt es schwere Explosionen, aber die Hauptsache ist, der Preis stimmt,

Die Grenzformalitäten waren schnell abgearbeitet und wir setzen unseren Weg weiter in Richtung Tripolis fort.

Nordafrika oder doch nicht?

Was für ein Unterschied. Die Straße war dieselbe, aber hier führte sie über sauberen Asphalt, keine Bazar Geschäfte und Benzin wurde nur an Tankstellen ausgegeben. Ungemütlich und beklemmend wurde die ganze schöne Szenerie nur, durch die ständige Anwesenheit von Militär. Uniformträger, Männer wie Frauen, beherrschten das Stadtbild. Von großen Plakaten blickte das Konterfei des Diktators auf die Bürger herunter. Spruchbänder lobten ihn und priesen seine „weise" Politik zum Wohle des libyschen Volkes. Ein bisschen surreal war das schon. Ein kleines Gefühl von Russland an der nordafrikanischen Küste. Allerdings richtet man sich auch als Tourist nur zu gerne und sehr schnell in der Bequemlichkeit der Diktatur ein. Alle Geschäfte, Hotels und Restaurants oblagen staatlicher Aufsicht. Preise waren festgesetzt und vorgegeben. Von orientalischen Handel keine Spur. Seltsam, nur ein paar Kilometer weiter so ein Unterschied. Ich ließ mir in einem Geschäft eine kleine Tabla zeigen. Der junge Mann der diese Instrumente in seiner kleinen Werkstatt vor den Augen der Kündern fertigte, sah auf das Preisschild das sich an der Ware befand und nannte mir den sehr moderaten Preis. Dann ließ er mir Zeit zu Entscheidung, während er still an seiner Werkbank, an weiteren Trommeln arbeitete. Ganz ohne mich zu bedrängen oder gar zu beschimpfen. Ich kaufte, und einen freundlichen Gruß gab es mit auf den Weg. So ging also auch.

Alles in Tripolis ging ruhig und gelassen zu, aber man darf natürlich nicht wegsehen und vergessen, dass diese äußere Ruhe in Diktaturen leider nur unter massivem Druck gegen die Freiheit und mit der Unterdrückung und Ausbeutung Andersdenkender funktioniert. Nicht umsonst wurde Gaddafi 2011 gestürzt. Zu einer freiheitlichen Demokratie hat das aber leider auch noch nicht geführt.

## Leptis Magna die „Goldene"

Meine Reise ging weiter zu einem lange gehegten Wunsch, ich wollte meinen Sehnsuchtsort Leptis Magna mit eigenen Augen sehen. Ich hatte viel darüber gelesen.

Für den Besuch in der Ausgrabung von Leptis Magna, buchte ich in Tripolis eine geführte Busfahrt Der Tourismus unterlag vielen strengen Auflagen und es hielten sich vergleichsweise nur sehr wenige Ausländer im Land auf. Unsere Gruppe bestand aus sieben Leuten. Eine junge Frau war darunter, alleinreisend so wie ich. Wir kamen ins Gespräch und waren uns sympathisch. Wir würden uns auf diesem kleinen Ausflug gegenseitig begleiten. Carola hieß sie und war Krankenschwester im Klinikum Aachen.

Lapis Magna war ein einmaliges Erlebnis, die bereits vorhandenen Ausgrabungen können ohne weiteres mit den spektakulären Bauten in Baalbeek mithalten. So leid es mir tut aber ägyptische Ausgraben entsprechen dazu leider nur einem billigen Surrogat.

*Leptis Magna (in Inschriften auch **Lepcis Magna**, heute Lebda / بة ل / Labda) war neben Oea und Sabratha eine antike Stadt in Libyen und eine der drei Städte der Landschaft Tripolitanien in der Provinz Africa. Die beiden Varianten Leptis und Lepcis lassen sich vermutlich mit unterschiedlichen Transkriptionen des ursprünglich punischen Namens ins Lateinische erklären.*
*Quelle: Wikipedia*

## Die Nackten im Brunnen

Ein, mit sehr guten Deutschkenntnissen ausgestatteter, junger Mann führte uns ohne Eile durch die Straßen der antiken Stadt. Er war recht gut aussehend und mit seiner leisen, feinen Art gefiel er uns schon sehr. Carola und ich kamen mit ihm ins Gespräch. Wo er denn seine außergewöhnlichen Deutschkenntnisse erworben habe, wollten wir wissen. In Libyen werden Fremdsprachen nicht gelehrt. Das wäre gar nicht erlaubt gewesen. Er habe sieben Jahre in Deutschland gelebt und studiert, von 1979 bis 1986. Maschinenbau. Jetzt arbeite er als Ingenieur in der Ausgrabung und führe nebenbei Touristen, die jetzt verstärkt ins Land reisten, durch seine Welt.

Es war sehr angenehm mit ihm, wir waren ihm wohl auch sympathisch, er wusste viel und antwortete auf alle unsere Fragen, ruhig und kompetent. Aber etwas erschien Carola und mir bald sehr seltsam. Immer wenn etwas mit Wasser zu tun hatte, ob Therme, ob artesischer Brunnen oder Nymphäum, hier ganz besonders, wandte er sich uns näher zu und sprach fast flüsternd. „ Hier badeten die Römerinnen und

Römer und immer nackt". Dann nickte er uns wissend zu. Bei nächster Gelegenheit wieder. Auch hier badeten die Römer natürlich nackt. Dass kennt ihr ja. Augenzwinkern. Ihr badet doch auch überall immer nackt. Carola und ich sahen uns fragend an, „Nein tun wir nicht, wir baden grundsächlich nicht nackt, nur allein in der Badewanne". Und dass es die Römer immerzu taten war uns auch so noch nicht bekannt. Wir hielten ein wenig Abstand, wer weiß was der Typ im Schilde führte.

Eine Moschee in einer Stadt aus Lehm

Am nächsten Tag führte er uns auch durch das UNESCO Weltkulturerbe, die historische Altstadt der Oasen Stadt Ghardames. . Eine Stadt aus Lehm mit einem unübersichtlichen, verzweigten Wegenetz. Durch die Lehmüberbauten entsprechen die Straßen eher Höhlengängen Es gibt auch extra für Frauen konzipiertes Wegenetz, über dies konnten sie Stadt frei von Männerblicken durchqueren. Es lohnt sich sehr hinzureisen.

In einer der kleinen Durchgänge stieß ich auf ein arabisches Schriftzeichen, dass mir ein unscheinbares, weiß gekalktes Gebäude mit einer kleine Holztür, als Moschee auswies. Die

133

Tür stand ein Spalt weit offen und schaute neugierig hinein. Es gab nicht viel zu sehen. Auf dem Boden lagen alte Berberteppiche und an der Wand standen ein paar wackelige Stühle. Außer einer kleine Tafel an der Wand, der sogenannten Qibla, die den Gläubigen zum Gebet die Richtung nach Mekka zeigt, gab es keinerlei weiteres Mobiliar. Trotzdem strahlte der Raum eine besondere Würde aus und ich hielt einen Moment inne. Von hinten flüsterte mir eine bekannte Stimme zu, zum Glück nicht mit der Aufforderung hier nackt zu baden. Er flüsterte „das ist eine Moschee, das kennen die Deutschen nicht" Ich solle ruhig eintreten und mir alles ansehen. Ich bedankte mich und antwortete, dass mir dieser Raum sehr gefällt, denn ich kenne nur Moscheen die mehr Ausstattung vorweisen, aber leider nicht diese besondere Atmosphäre aufweisen. „Sie kennen eine Moschee"? „Ja" antwortete ich, dass mir aber die genaue Anzahl für Deutschland nicht gegenwärtig sei, ich aber auf meinem Weg zur Arbeit an drei Moscheen vorbei käme.

Außer einem ungläubigen „Aha"! sagte er nichts mehr und sein Interesse an uns war von diesem Moment Geschichte. Ich glaube er fühlte sich von mir veräppelt, obwohl ich die Wahrheit gesagt hatte und ihn keinesfalls verärgern wollte

Zuhause erzählte Ich meinem Mann diese Geschichte und er sagte sofort, „in Deutschland studiert? Das kann nur in der DDR gewesen sein. Bis 1986? Moscheen gab es dort ganz bestimmt nicht. ihr habt dem Jungen Unrecht getan"! Genauso war es. Erst viel später lüftete sich für mich auch das Geheimnis des Nacktbadens, als ich Wochenschauberichte aus der ehemaligen DDR sah. Ganz normale Bürgern, die sich splitterfasernackt am Strand von Warnemünde eine Modenschau ansahen. Das war auch für mich ein kleiner Schock, was für ein Schock muss es erst für einen jungen Muslim aus einem abgeschotteten, nordafrikanischen Land gewesen sein. Kein Wunder das er überall Nackte sah.

## Türkei 1980

## Friedliche Tage

Zu unserem 11. Hochzeitstag der im September 1980 anstand, hatten mein Mann und ich beschlossen, wir machen eine Reise zu zweit um ein bisschen nostalgisch an alte Zeiten zu erinnern und verbunden mit dem Wunsch langjährige Freunde zu besuchen . Unser Sohn Uwe der am 10. September 1980, 10 Jahre alt wurde, blieb mit dem großen Einverständnis seinerseits bei Oma und Opa. Diverse Vergünstigungen für das Geburtstagkind waren inbegriffen und lockten hier ebenfalls.

Wir hatten diese Reise sehr gut geplant, am 09.09. flogen wir von Düsseldorf nach Istanbul und logierten dort im damals erstklassigen 5 Sterne Hotel Marmara am Taksimplatz. Wie es heute um das „Marmara" bestellt ist kann ich nicht sagen. Das Marmara war ein Hochhausturm mit 20 Stockwerken. Unser Zimmer lag im achten Stockwerk und hatte ein übergroßes Panoramafenster. Von hier aus hatte man einen fantastischen Ausblick auf den

Bosporus. Die Lobby war orientalisch und sehr geschmackvoll eingerichtet. Ein gemütliches Café lud zum V Verweilen ein. Leider gab es zu den ausgewählten Kuchenspezialitäten nur Cay-Tee zu trinken. Die Türkei befand sich in einer sehr schwierigen wirtschaftlichen Verfassung und der Staat hatte keine Devisen um größere Mengen Rohkaffee am Weltmarkt zu kaufen. Mit Kontakten unter der Hand und mit Bakschisch erhielten wir Deutschländer gemeinsam mit den Schiebern und Devisenhändler, die sich damals ebenfalls in dem Nobelhotel aufhielten, aber selbstverständlich den von uns so gewünschten türkischen Mokka. Der Tourismus war in den späten 70. Jahren sehr zum Erliegen gekommen. Die Türkei hatte andere Sorgen, nachdem Bülent Ecevit 1975 als Ministerpräsident abgesetzt würde, kämpfte das Land gegen seine ungelösten wirtschaftlichen und sozialen Probleme. Rechte und linke Kräfte bekämpften sich gewalttätig, Streiks waren an der Tagesordnung. Die Politik unter der Führung des neuen Präsidenten Süleyman Demirel, die Polizei und die Sicherheitskräfte waren zu schwach um die Gewalttätigkeiten unter Kontrolle zu bringen. Nach einer weiteren Wahl 1978 mit

Wahlsieger Bülent Ecevit gewann aber 1979 erneut Süleyman Demirel die Wahlen. Die Türkei versank im wirtschaftlichen Chaos. Ebenso wenig war die Türkei seinerzeit ein religiöses Land. Die Türkei befand sich im absoluten Ausnahmezustand. Ausländische Devisen waren sehr begehrt und so wurden Ausländer auch sehr zuvorkommend behandelt, wir bemerkten nichts von den großen Schwierigkeiten und genossen das Leben.

Die Istanbuler U-Bahn gab es 1980 noch nicht und die, heute wieder eingesetzten, Straßenbahnen waren bereits 1966 abgeschafft. Buslinien durchzogen die Stadt die mit damals ca. 6 Millionen Einwohnern schon eine beachtliche Größe aufwies. Das Busfahren war ein Abenteuer, da die Busse nummeriert waren, das ging noch ganz gut und wenn man die Richtige Buslinie wusste und sich die Busnummer gemerkt hatte gab es keine Probleme an den Ankunftsort zu gelangen. An genaue Fahrpläne erinnere ich mich nicht. Unsere türkischen Sprachkenntnisse waren wohl vorhanden, reichten bei Weitem nicht aus. Wir stellten uns also an eine Haltestelle, erkenntlich an der Menge der Menschen die sich hier versammelt hatten und warteten bis der Bus mit der richtigen Nummer vorbeikam und drängelten uns mit hinein. Die Busse waren immer überfüllt. Unser erstes Ziel war der Stadtteil Eminönü hier befindet sich die im 6. Jahrhundert erbaute Hagia Sophia und die ihr gegenüberliegende Sultan Ahmed Moschee auch blaue Moschee genannt. Die Hagia Sophia ist seit 1934 aufgrund einer Anregung von Atatürk bereits ein Museum und kein religiöses Haus mehr. Man zahlte Eintritt und konnte dann die Innenräume besichtigen. Ein Museumsführer ging voran und erklärte uns die geschichtlichen Hintergründe der Umwandlung einer der bedeutendsten Kirchen der Christenheit in eine Moschee, natürlich aus moslemischer Sicht. Die Hagia Sophia war die Hauptkirche des Byzantinischen Reiches und ihr religiöser Mittelpunkt. Sie war die Krönungskirche der Byzantinische Kaiser. Bei der Umwandlung in ein Museum in den 1930ger Jahren wollte man auch die christliche Geschichte sichtbar zu machen, aber auch aufgrund von Bürgerprotesten, wurde die muslimische Geschichte deutlich sichtbar erhalten, was der

Betrachtung eines byzantinischen Reliktes sehr schadet. Der Museumführer hatte aber einige volksnahe Überlieferungen für die Touristen parat. Im Kirchenraum befindet sich eine Säule aus Speckstein in der sich ein angeblich mit mystischen Kräften ausgestattetes Loch befindet, dieses Loch ist mit einem Messingblech umrandet. Bevor wir Näheres über dieses Loch erfuhren, steckte ich schon einmal meine Hand hinein und betastete die Innenseite dieser Stelle, als ich hinter mir folgenden Text hörte: " Diese Stelle an der Säule ist eine Besonderheit, immer wenn es Seuchen in der Stadt gab, kamen die Menschen hier her und berührten sie um die Krankheiten abzuwenden oder wieder los zu werden. Leider verbreiteten sich diese durch das Betatschen so sehr, dass die Stadtverwaltung nach mehreren Ausbrüchen von Trachom, einer schweren Augenkrankheit die zur Erblindung führt, das Berühren der Säule verbot".

Meine Hand wurde an diesem Tag noch sehr oft gewaschen und das Trachom hat mich verschont.

Von der Hagia Sophia aus ging man durch eine schön angelegte Parkanlage zur Sultan Ahmed

140

Moschee.  Dieses Bauwerk wird auch blaue Moschee genannt, da ihre Innenausstattung aus blauen und weißen  Fliesen mit kunstvollen Blumenmustern  besteht. Sie wurde von 1609 bis 1616 unter Sultan Ahmed I.,  erbaut. Sie besitzt sechs Minarette. Nur die Propheten  Moschee mit zehn und die Hauptmoschee in Mekka  mit neun, haben mehr Minarette. Diese Besichtigung der Moschee war kein Problem, wir waren zwei von ganz wenigen Besuchern.  Man sah keine verschleierten  Frauen  und  Mädchen  oder Betende mit  Turbanen, das Kopftuch und der Fes waren seit Atatürk  von staatlicher Seite verboten. Es gab ein geflügeltes Wort zu dieser Zeit:  Türkei das heißt in den Moschen keine Menschen und in den Banken kein Geld!  Die Religion fand in der Familie statt.

## Auf dem Bosporus

Wir wollten den asiatischen Teil Istanbuls besuchen. Seit 1973 führte nur eine, die große Bosporus Brücke über diese Wasserstraße. Wir nahmen aber die Fähre. Von Karaköy auf der europäischen Seite nach Üsküdar auf der asiatischen Seite. Ich weiß nicht mehr genau wir lange die Überfahrt dauerte, aber es war ein Erlebnis. Die Fähre transportierte Autos und Menschen und Tiere. In der Kabine gab es einen kleinen Imbiss. Jungen liefen herum und brachten auf Messingtabletts Gläser mit Tee zu den Reisenden. Einige trugen ihr Tablett, das mit 15 Lagen Brezeln bestückt war, auf dem Kopf und verkauften dieses leckere Gebäck ebenfalls für ein paar Lira. Das Wetter war schön, es war jetzt im September nicht mehr so drückend heiß. In Üsküdar angekommen schnappte doch noch eine Touristenfalle, aber nur eine kleine, zu. Kurz hinter den Anleger sprach mich ein junger Mann an und zog mich mit sanfter Gewalt in einen Souvenirladen und pries seine Waren an. Ich kaufte eine kleine hölzerne Flasche in der sich eine Phiole mit Rosenöl befand. Als ich bezahlte fragte er nach meinem Pass? Ich war so überrascht, dass ich ihm meinen Pass zeigte, er nahm ihn und schwuppdiwupp hatte er einen Stempel hinein gedruckt. Mit einem Lächeln gab er ihn mir zurück. -Willkommen in Üsküdar-Asien- stand dort oval umrandet in französischer Sprache. Ich wurde später noch an diversen Passkontrollen darauf aufmerksam gemacht, dass dies eine Ordnungswidrigkeit sei. Wie auch immer, ich habe mich gefreut und den Pass habe ich immer noch.

Der asiatische Teil Istanbuls war sehr ländlich geprägt, man hatte Europa verlassen. Mit einer Pferdekutsche fuhren wir in die etwas entfernte Ortschaft und kehrten dort ein. Die kleine Gartenwirtshaft lag in einer Obstplantage. Wir saßen unter Weinlaub und das traditionelle türkische Essen in der kleinen Restauration war sehr gut. Zuerst verschiedene Mezze, danach Kebab mit Gemüse und Reis. Auch der Rotwein, der vor Ort gekeltert und verkauft wurde, brauchte sich nicht zu verstecken. Döner kannte man dort, wie in der gesamten Türkei, nicht.

Auf der Rückfahrt gegen Abend saß ich wieder auf dem offenen Deck des Fährschiffes und schaute hinüber auf den europäischen Teil der Stadt. Die Hagia Sophia und die Sultan Ahmed

Moschee dominierten das Bild. Majestätisch überragten sie die Stadt. Die Sonne ging gerade unter und für eine Zeit lang stand sie still zwischen den Minaretten der beiden Gebäude, die jetzt fast schwarz wirkten vor dem, sich abendlich von tiefem Blau in Rot und violett Töne verfärbenden Himmel. Zwei Vögel erhoben sich lautlos zwischen den Minaretten und flogen davon. Dieses Bild hat sich in meine Seele eingeprägt und es steht in ruhigen Momenten z.B. kurz vor dem Einschlafen immer wieder vor meinem geistigen Auge und verursacht dort brennendes Fernweh.

## Die Nachtschwärmer und der Bauchtanz

Der vorletzte Abend unserer Reise war angebrochen, wir hatten uns als Abschluss einen gemütlichen Abend in einer Bar ausgesucht. Gutes Essen, Bauchtanz, Show u.s.w. Einer unser Istanbuler Freunde hatte für uns und für drei weitere türkische Paare einen kleinen Bus geordert, der uns in eine Bar nach Galata bringen und in der Nacht wieder zurück bringen würde, er selbst fuhr ihn und wir waren damit unabhängig von Taxi oder Dolmus.

Die Bar mit Restaurant die wir ausgesucht hatten lag im Stadtteil Ortakoy direkt an der der Bosporus Brücke. Am Abend hatte man einen spektakulären Ausblick auf die Brücke.

Die Ausstattung war damals schon ein bisschen Old Fashion, mit ihren rot gepolsterten Sofas die in einem Rondell um einen Tisch für ca. 12 Personen herum lagen. Eine größere Anzahl Rondells lagen in mehr oder weniger großem Abstand um eine Tanzfläche mit glänzendem Parkettboden herum. Neben gutem Essen, gepflegten Getränken und Tanzmusik wurde auch ein Unterhaltungsprogramm angeboten. Ein „Zauberkünstler" langweilte die Gäste mit seinen etwas veralteten Tricks und ein Conferencier bemühte sich, die Gäste mit Witzen zu unterhalten. Ich verstand nicht viel, für Witze reichen meine Türkisch Kenntnisse nicht. Das Highlight sollte eine Bauchtanzvorführung sein, zwei Tänzerinnen würden auftreten und die Gäste unterhalten. Eine davon war ein Star in der Türkei, die Andere, nah ja sie würde tanzen.

Eine kleine Combo spielte Tanzmusik und einige Paare waren auch schon auf der Tanzfläche. Wir bestellten unser Menu, aßen und stießen mit Wein an, es war sehr gemütlich. Der Wein stimmte milde und wir genossen den Abend immer mehr. Unser Tisch befand sich gefährlich nah an der Tanzfläche und als ein Tusch die Tänzerinnen ankündigte befanden wir uns mitten im Geschehen. Die erste Tänzerin rauschte in einem sehr knappen Kostüm herein und wackelte tapfer mit dem Popo zur sehr lauten orientalischen Musik. Bauchtanz war in Deutschland noch kaum bekannt und nicht so verbreitet wie in späteren Jahren, wir hatten keinen Vergleich, aber vom Hocker hat uns das nicht gerissen. Sie wedelte noch ein paar Runden und stürzte sich dann auf meinen Mann. Setze sich aus seine Schoß, nahm seinen Kopf in beide

Hände und drückte sein Gesicht zwischen ihre mehr als üppigen Brüste. Ein unterdrücktes schmerzhaftes Aufmucken des Opfers wurde mit einem heftigen Schütteln der bombastischen Brüste beantwortet und der Kopf rutschte noch tiefer zwischen die Melonen. Das war zu viel. Ebenso abrupt und schnell wie mein Mann, der mit einem roten, wutverzerrten Gesicht aufsprang und wir befürchten mussten er würde sich auf die Dame stürzen, hüpfte die Schöne der Nacht davon in die Obhut ihres Begleiters, der mit einer Kamera bewaffnet in der Nähe stand und gerade Fotos uns machen wollte. Beide waren etwas überrascht und erschreckt von der Reaktion ihres Gastes. Der Job der Beiden war nämlich das Anmachen des männlichen Publikums zur Unterhaltung der andern Gäste. Wirklich tanzen konnte sie nicht. Das war allgemein bekannt und man wartete schon auf das Opfer, das von den Männern eigentlich gern und freiwillig gebracht wurde. „Mann" wurde von der Leitung des Clubs vorher unbemerkt ausgesucht und bekam man einen besonders guten Tisch in der Nähe der Tanzfläche. Ein Foto wurde gemacht, dass dann am Ausgang zu erwerben war. Alle Gäste wurden im Laufe des

Abends ebenfalls aber unverfänglicher fotografiert. Ein Verkaufsangebot des Barbetreibers.

Nachdem sich die Gemüter, besonders das von meinem Mann, wieder beruhigt hatten wurde es erst still, dann trat eine schöne Frau in einem glitzernden Kostüm auf die Bühne und tanzte zur orientalischen Musik. Erst heute kann ich diese Kunst wirklich einschätzen und hier wurde wirklich ein Genuss geboten. Wir waren gebannt und fasziniert. Diese Tänzerin war ein Star, leider erinnere ich ihren Namen nicht mehr. Aber ich denke gern an diesen Auftritt.

Militärputsch und die Welt hatte sich verändert.

Selbst das Tanzbein schwingen wollte mein Mann dann aber auch nicht mehr und obwohl das Lokal noch rappelvoll war und an Aufbruch allgemein noch nicht gedacht wurde, entschied sich unsere kleine Gruppe gegen 3.00 Uhr morgens aufzubrechen und vielleicht noch irgendwo etwas anders aufzusuchen. Den Sonnenaufgang zu beobachten etwas zu frühstücken etc. Wir waren ja durch unseren kleinen Bus unabhängig. Als erstes wurde vorgeschlagen zur Promenade an das

Marmarameer zu fahren und einen Cay-Tee zu trinken und vielleicht später an einem der Fischerboote am Bosporus frischen Fisch zu essen. Und den Tag zu begrüßen. Wir freuten uns, denn an der Promenade waren viele kleine Holz Stände mit Segeltuchdächern aufgebaut, die alles Mögliche anboten, neben den Tee Buden, auch Gebäck, Krimskrams, Musikkassetten, billiges Spielzeug, Kleidung und noch viel mehr. Es war immer etwas los und besonders die Nachtschwärmer zog es dort hin. Als wir los fuhren, der Weg war ja nicht so weit fiel uns auf, dass die Straßen ungewöhnlich leer waren. Mit einem Wort völlig leer. Wir waren ja alle nicht mehr ganz nüchtern, bis auf unseren Fahrer und ihm kamen auch sehr schnell die ersten Bedenken. Was war los, wir spekulierten weinselig. Aus irgendeinem Grund gibt es jetzt alles umsonst, warum? Waren Außerirdische gelandet und haben alle Istanbuler entführt. Wir machten uns darüber lustig und lachten noch als wir an der Promenade ankamen. Die Marktstände waren alle hell erleuchtet, auch die bunten Lichterketten die um die Stände gewunden waren, bewegten sich leicht im Nachtwind, und leuchteten einladend. An

149

einem Kleiderstand wehten die Hemden wie Geister im Wind. Auch in der Tee Bude die wir angesteuert hatten brannte das Licht und der Teekessel stand auf dem kleinen Gaskocher. Das Wasser kochte längst wie uns die kleine Flöte auf dem Ausgießer lautstark mitteilte. Alles war wie immer, nur es war keine Menschenseele zu sehen.

Keine Verkäufer, keine Käufer, keine Passanten. NIEMAND. Uns wurde ungemütlich. Einer von uns sprang über Theke und nahm Wasserkessel vom Gasherd und stellte das Gas ab. Dann gossen wir uns unseren Tee selbst auf. Langsam fingen wir an zu frösteln. Ich erinnere mich, dass meine Hände eiskalt und steif wurden, als ich das Teeglas nehmen wollte und vor Zittern kaum trinken konnte. Hier war etwas entschieden nicht in Ordnung. Wir machten ein paar Witze um uns Mut zu machen. Sollten wir weiterfahren? Oder ins Hotel zurück. Angst? Aber wovor sollten wir Angst haben. Wir hatten gerade beschlossen doch erst mal zurück ins Hotel zu fahren, als ein Militärfahrzeug angebraust kam und mit quietschen Reifen erst zweimal um uns herum raste und dann abrupt bremste. Drei schwerbewaffnete Soldaten sprangen heraus und schrien uns an. Wir mussten in einer Reihe antreten und Abstand von unseren Partnern halten. Wir waren in diesem Augenblick alle starr vor Schreck und sehr froh, dass wir nicht allein hier standen und Begleiter bei uns hatten, die der Sprache mächtig waren. Obwohl wir jetzt alle gleichermaßen ausgeliefert zitternd und kalkweiß vor Angst, vor den Soldaten standen und hofften, alles würde gut werden. Wir wurden festgehalten und getrennt von den anderen einzeln befragt, wer wir sind, was wir dort zu suchen hätten, woher wir kommen und warum. Unsere Papiere wurden eingesammelt und streng kontrolliert. Unsere Festnahme stand im Raum. Man müsse uns alle jetzt sofort verhaften, es herrsche Ausnahmezustand und es sei eine generelle, strenge Ausgangsperre verhängt worden und wir hätten absolut nicht auf der Straße zu suchen und uns verdächtig und strafbar gemacht. Unsere Begleiter konnten die Militärs überzeugen, dass wir harmlose Nachschwärmer waren und in dem Nachtklub in dem wir den Abend verbracht hatten, keinerlei Kenntnis von der Situation in der Stadt erhielten. Man ließ uns mit der Maßgabe gehen, uns sofort in unser

Hotel zu begeben und uns am nächsten Morgen bei der Polizei zu melden. Das Militärfahrzeug fuhr noch eine Zeitlang hinter uns her, um zu überprüfen, ob wir den Anordnungen nachkommen. Im Hotel erfuhren wir, dass Militär geputscht hatte und der Ministerpräsident abgesetzt wurde. Die Türkei befand sich im Ausnahmezustand. Unsere Freunde haben uns eindringlich geraten, nicht mehr zur Polizei zu gehen und sofort nach Deutschland zurück zu reisen. Wir hatten das Glück, dass der Flughafen noch nicht geschlossen war und sind am späten Nachmittag des nächsten Tages, mit anderen Gruppen ausländischer Besucher, zurück nach Deutschland geflogen. Unsere türkischen Freunde wurden polizeilich registriert, haben aber diese schwere Zeit, mit vielen Einschränkungen, gesund überstanden.


Es war der 12. September 1980
Zwanzig Jahre später wird die türkische Zeitung Cumhuriyet am 12. September 2000 Folgendes über dieses Datum berichten:

- Das Parlament wurde aufgelöst.
- Alle politischen Parteien wurden verboten und deren Vermögen beschlagnahmt.
- 650.000 Personen wurden festgenommen.
- 1.683.000 Personen wurden polizeilich registriert.
- In 210.000 Prozessen wurden 230.000 Personen vor Gericht gestellt.
- Für 7.000 Personen wurde die Todesstrafe gefordert.
- 517 Personen wurden zum Tode verurteilt.
- 50 Personen wurden erhängt (18 linksorientierte und 8 rechtsorientierte politische Gefangene, sowie 23 Straftäter und 1 Asala-Anhänger).
- 71.000 Personen wurden wegen Meinungsdelikten vor Gericht gestellt.
- 98.404 Personen wurden als „Anhänger illegaler Organisationen" vor Gericht gestellt.
- 388.000 Personen wurde ein Reisepass verweigert.

- 30.000 Personen wurden entlassen, weil sie „verdächtig" seien.
- 14.000 Personen wurden aus der Staatsbürgerschaft entlassen.
- 30.000 Personen flohen ins Ausland.
- 300 Personen wurden durch unbekannte Täter ermordet.
- 171 Personen starben unter Folter.
- 937 Filme wurden verboten.
- 23.677 Vereine wurden geschlossen.
- 3.854 Lehrer und Lehrerinnen, 120 Universitätsdozenten und 47 Richter wurden entlassen.
- Die Veröffentlichung der Zeitungen wurde insgesamt 300 Tage verhindert.
- 13 große Zeitungen wurden 303mal vor Gericht gestellt.
- 39 Zeitungen und Zeitschriften wurden verbrannt.
- 133.607 Bücher wurden verbrannt.
- 299 Personen starben im Gefängnis.
- 14 Personen starben bei den Todesfasten.
- 160 Personen starben unter verdächtigen Umständen.
- 95 Personen wurden bei einem Schusswechsel erschossen.

- 73 Personen starben aus natürlichen Gründen in Polizeihaft.
- 43 Personen begingen Selbstmord in Polizeihaft.

Quelle: Cumhuriyet

## Iran 2005

Reise in eine abgeschlossene Welt
Der Iran ist eines der geheimnisvollsten Länder
der Welt- Ich hatte keine Vorstellung wie es dort
aussehen oder wie die Menschen dort leben
können. Persien, ja das meinte ich mir vorstellen
zu können. Die Geschichten aus den Märchen
und den griechischen Sagen und die Geschichte
von Alexander dem Großen, der Persien
eroberte und dem man nachsagte, er habe
Persepolis vernichtet und in Brand gesteckt.
Gleichsam fesselte mich das Schicksal der
persischen Prinzessin Roxane, die Alexander mit
noch zwei weiteren persischen Frauen zu seinen
Ehefrauen machte und auf dem persischen und
wie ein Schah herrschte. Persepolis. Ja, von den
Ausgrabungen hatte ich gehört und auch von der
neuen Theorie, dass Alexander die Stadt gar
nicht in Brand gesteckt habe. A wollte ich hin. Ich
wollte Persepolis sehen. Aber das hieß in den
heutigen Iran zu fahren, der seit 1976 von
Ayatollah Chomeni als eine islamische Diktatur
geführt wird. . Beherrscht von Mullahs mit
stringenten islamischen Vorschriften die tief in
das alltägliche Leben eindringen. Alle

Vorschriften gelten uneingeschränkt für jede Person die sich im Land aufhält, also auch für auch für alle Reisenden und Touristen. Ich konnte mich nicht entscheiden. Den ganzen Tag sollten gezwungener Maßen meine Haare unter einem Kopftuch versteckt bleiben? Nein das wollte ich nicht. Vier Jahre vergingen, dann ein Angebot des SPD Reisedienstes 16. Tage Iran Teheran, Isfahan, Schiraz, Yazd, Kurdistan und Gom, alles dabei. Ich warf alle meine Bedenken über Bord und buchte.

Mit den Reisenterlagen erhielt ich ein Anschreiben mit Kleidungs- und Verhaltensvorschriften. Leichtes Aufatmen. Der Kopftuchzwang für das Visumfoto war schon abgeschafft und nicht mehr nötig. Aber was zieht man an. Arme, Beine und Kopf müssen immer bedeckt sein! Ob Hose oder Rock ist egal. Na ja, ich würde das Richtige finden.

Ein paar Wochen vor meiner Reise war ich wieder einmal dienstlich in Berlin und schlenderte in einer meiner knappen pausen durch Neukölln. Dem Stadtteil Berlins der einer orientalischen Mittelstadt am nächsten kommt und kam auch an einem der vielen islamischen Bekleidungsgeschäfte vorbei. Nach kurzer

Überlegung  ging ich hinein und wurde  sofort von einer jungen Dame freundlich begrüßt und nach meinen Wünschen  gefragt. Ich würde in den Iran reisen, erklärte ich ihr und mich vorab gern einmal über die Kleidung informieren, was soll man anziehen, was besser nicht? Kompetent riet sie mir zu einem Mantel, der entweder bis zu den Knöcheln oder  über einer Jeans bis zum Knie reichen würde. Sie zeigte mir aus einem üppigen Angebot ein paar Mäntel, superleicht und angenehm auf der Haut. Mehr benötige ich nicht, versicherte sie mir, denn im September ist es dort noch sehr warm und im Vertrauen, es sei wirklich nicht nötig unter dem Mantel außer der Unterwäsche noch etwas anzuziehen. Ein langer Mantel  müsste  allerdings maßgeschneidert angefertigt werden, das dauere etwa drei Tage. Ich bedauerte, da ich  leider nur noch  zwei Tage in  Berlin  und  dann  wieder  zurück  im Ruhrgebiet  sei. Wäre  auch  kein  Problem entgegnete die junge Dame, wir schicken ihnen alles  Gewünschte  in  unsere  Filiale  nach Duisburg! Alles vorhanden und schnell gemacht. Ich war  sehr beeindruckt, entschied mich aber für einen kurzen schwarzen Mantel aus sehr fein aber fest  gewebter Baumwolle, darunter tragen

158

sie dann eine Jeans oder eine super tolle leichte Hose! Perfekt. Den Mantel konnte ich dann zusammen mit zwei hübschen Seidenkopftüchern direkt mitnehmen.

Am Reisetag hatte ich eine kleine Extratasche mit den neuen Kleidungstücken als Handgepäck mit. Nach dem Einchecken und der Passkontrolle am Flughafen Düsseldorf wurden wir in einem separaten Raum geführt, um dort auf unseren Abflug zu waren. Ich kannte das schon von meinen Reisen nach Israel. Aus Sicherheitsgründe, um die Passagiere zu schützen, hieß es dann auch hier. Aber ich denke man möchten auf jeden Fall diese Typen im Auge behalten, die in unruhigen Zeiten in Krisengebiete reisen. Mit mir warteten eine Handvoll deutsche r und ein paar internationale Touristen, die sich wie ich ein exotisches Ziel ausgesucht hatten und jetzt etwas bang die Dinge beobachteten. Iraner und Iranerinnen, sie hatten ihre Familie in Deutschland besucht und reisten zurück oder leben in Deutschland und brachen zu einem privat Besuch oder eine Geschäftsreise dorthin auf. Frauen, Männer und Kinder saßen dort gemeinsam und plauderte, spielten, aßen oder tranken etwas, die Kinder schubsten sich, weinten oder beschwerten sich lautstark bei den Eltern. Alles so wie es vor jeder Flugreise auf jedem Airport der Welt zugeht. Bis eine Durchsage unseren Flug für die nächste Stunde ankündigte. Die Menschen standen von ihren Sitzen auf und die Erwachsenen teilten sich in Männer- und Frauengruppen. Taschen wurden geöffnet, langärmelige Hemden und Blusen kamen zu Vorschein. Schwere Blazer wurden ausgepackt und angezogen. Dicke Kopftücher aufgesetzt. Ich packte ebenfalls mein mitgebrachtes Köfferchen aus und stand kurze Zeit später, in Jeans und schwarzen Mantel, dazu ein Kopftuch das meine Haare völlig bedeckte, in der Schlange vor dem Einstieg.

## Teheran, alles ist anders

Der Flug war genauso unspektakulär wie jeder andere Flug auch. Nach viereinhalb Stunden landeten wir auf dem Imam-Chomeni-International Airport in Teheran. Nach der Pass- und Personenkontrolle führte der Weg weiter durch eine Halle. Hier warten Angehörige auf ihre Familienmitglieder und Taxifahrer auf Kundschaft. Reiseleiter versuchten in dem Gewühl ihre ankommenden Gruppen zu finden. Es war heiß und laut. Die Gruppen ausländischer Touristen waren sehr überschaubar, es kamen zu dieser Zeit nicht viele Menschen nur aus Neugier in den Iran und so wurde unsere exotische Gruppe ziemlich unverhohlen und neugierig beobachtet. Man schätzte uns von oben bis unten ab. Der Eine oder Andere belächelte uns auch etwas ironisch. Um uns herum saßen oder standen in korrekte Anzüge und weiße Hemden gekleidet Herren und elegante Damen in aufwendigen Kleidern. Auf der gestylten Haarpracht der zarte Hauch eines winzigen durchscheinenden Stückes Stoff, besetzt mit Schmucksteinen oder Perlen. Der iranischen Kopftuchpflicht wurde hier offenbar hinreichend genügte getan, ohne das Auge zu beleidigen. An den Füssen trugen sie teure, offene Schuhe die den Blick auf die perfekt manikürten, lackierten Fußnägel freigab.

Und wir Deutsche? Wir kamen aus dem Flugzeug in dicken groben Winter Blazern und wollenen Kopftüchern. Ich war der Dame in Berlin so dankbar für ihre Beratung, so blieben mir die dicken Wintersachen bei 33 Grad im Schatten erspart.

Schnell fand ich mich am Gepäckband wieder und konnte meinen Koffer entgegennehmen. Ohne Probleme fand ich, den für mich zuständigen Reiseleiter und per Bus ging es durch die Teheraner Rush Hour in unser Hotel.

Teheran überraschte und faszinierte mich gleicher Massen. Im Schritttempo voranschleichende Autokolonnen. Neonreklame und großflächige Bilder mit den politischen Schlagworten der Mullahs. Besonders die antiamerikanischen Sprüche, die in englischer Sprache verfasst waren und immer wieder, „Nieder mit Amerika" „Tod allen Amerikanern" auf wandhohen Plakaten in Auge sprangen, machten mir ein unangenehmes Gefühl. Amerika der Erzfeind und Teufel.

Eilige Menschen, Männer und Frauen und Kinder die sich untere Einsatz ihres Lebens den Weg durch das Blech, auf die gegenüberliegende Straßenseite erkämpften. In meinem Hotel angekommen wurde ich an der Rezeption auf ein Schildchen aufmerksam, dass mir die zwiespältige iranische Gesellschaft erstmals vor Augen führte. Auf dem Schildchen stand hier. Bezahlen? „US-Dollar only".

In allen öffentlichen Räumen müssen Frauen und Mädchen ihre Arme und Beine mit Stoff bedecken und ihre Haare mit einem Kopftuch bedecken. Das Hotel galt als öffentlicher Raum. Alle hatten sich daran zu halten.

Außerhalb des Hotels befand man sich mitten in der gefährlichen Großstadt. Zebrastreifen, wenn es sie gab, habe ich nicht wirklich wahrgenommen. Ich lernte, dass Zebrastreifen auch überschätzt werden. Sie bieten hier keinerlei Schutz und man tut gut daran, sich beim Überqueren einer stark befahren Straße nicht an irgendwelchen weißen Streifen zu orientieren. Später, als ich allein die Stadt eroberte, habe ich mich immer unauffällig zu kleinen Männergruppen gesellt die ebenfalls die Straße überqueren wollten, und bin mit ihnen gleichzeitig los gelaufen. Mir erschien es so, kann mich aber täuschen, dass die iranischen Autofahrer bei Männern eher anhielten als bei Frauen ohne Begleitung, obwohl die Menschen im Iran ansonsten immer sehr freundlich und hilfsbereit waren. Fragen nach dem Weg oder nach einem Restaurant wurden immer gleich beantwortet. Überraschender Weise sprach die Mehrheit Englisch. Eltern baten mich oder die Gruppe doch einen Augenblick zu warten bis der Sohn oder die Tochter da wäre. Die Kinder lernten alle Englisch und würden sich sehr freuen, wenn sie die Gelegenheit bekämen die Sprache anzuwenden. Die Eltern waren sehr stolz auf die Ausbildung ihrer Kinder und es machte keinen Unterschied, ob es sich um Mädchen oder Jungen handelte. Wir haben uns gern mit den jungen Leuten unterhalten, auch wenn so oft die Frage kam, warum denn unter den europäischen Touristen kaum junge Menschen seien, man ging davon aus, dass die europäische Jugend den Iran aus verschiedenen Gründen wohl nicht möge, das wurde bedauert, aber akzeptiert. Verwunderung löste nur der tatsächliche Hintergrund, dass es wohl eine reine Geldfrage sei und sich junge Leute eine

164

solche Reise kaum leisten könnten, aus. Dass schnödes Geld die Jugend an Bildung und Erfahrung hindern konnte, wollte man hier nur schwerlich einsehen. Für die Iraner ist die Öffnung zur Welt, die im Iran unter so schwierigen Bedingungen stattfinden muss, für vorausschauende Eltern unverzichtbar. Das hatte man sich für Europäer leichter vorgestellt.

Teheran bietet dem Touristen so viel, dass es für eine eigene Reise reicht. Paläste, Museen, in einem befindet sich der Kronschatz und der Pfauenthron des Schahs. Immer wieder kunstvoll gestaltete Gärten und natürlich der Bazar. Die Besichtigung der Stadt war weder in der Gruppe noch allein als Frau ein Problem. Ich konnte mir alles in Ruhe ansehen wurde überall respektvoll behandelt.


Yazd die Mystische und Bam die Vergängliche
Unsere Rundreise führte uns zuerst in Richtung Norden, in die Stadt Yazd. Diese Stadt ist ein letztes Refugium der Zoroastrier. Diese Religion, die seit mehreren tausend Jahren in Persien vorherrschte, verehrt das Feuer. In Yazd befindet sich der Haupttempel in dem das ewige Feuer behütet wird. In einem eher

unspektakulären, rechteckigen Bau der entfernt an ein antikes römisches Gebäude erinnert, treten die Gläubigen vor eine Glasscheibe hinter der eine große Feuerschale steht. Hier brennt das ewige Feuer das nie verlöschen darf. Der Tempel war gut besucht ein fröhliches, lautes Kommen und Gehen, wir fühlten uns eingeladen und gut aufgenommen.

Weiter ging die Reise in Richtung der Provinz Kerman. Vorbei an dem riesigen Maharlou Salzsee , der wie eine Eisfläche in der Sonne glitzerte. Harmlos erscheint er und einladend, aber dem Wanderer der sich hier verirrt, dem ist der Tod sicher.

Vorbei ging es an einer gut erhaltenen Ruine eines sassanidischen Jagdpalastes des Fürsten Bahram V. An der Stadt Gur und dem sehr großem Bakhtegan Salzsee immer weiter durch die Wüste. Die Wüste in dieser Region ist ganz anders als z.B. die Sahara, sie scheint aus dunkelbraunem Lehm zu bestehen und ist auch keineswegs verlassen oder menschenleer. Kleine Dörfer aus Lehm gebaut heben sich in ihre Farbe kaum von der Umgebung ab, so sieht man sie erst kurz bevor die Dörfer vor den Augen auftauchen. Schafhirten mit ihren Tieren säumen den Weg. Frauen in bunter Kleidung und Kinder winken den Reisenden zu. Auch sieht man immer wieder die Zelte der Nomaden. Bei jeder Gruppe von diesen Zelten ist immer ein etwas größeres Zelt mit einer iranischen Flagge auf der Spitze. Das ist die mitreisende Schule für die Nomadenkinder. Eine der ersten Anordnungen der Mullahs war es, die Ausbildung aller Kinder sicher zu stellen, um Bildung in alle Regionen des Iran zu bringen. Wir haben Immer wieder festgestellt, dass Bildung im Iran eine hohe Priorität genießt.

An einer der riesigen Plantagen, in denen Feigen-, Mandel- und Pistazzien angebaut werden, hielten wir für eine Mittagspause. Am Rande der Anbaufläche standen Händler und boten neben frischen Feigen, allerlei Früchte und Säfte an. Auch Fladenbrot und Käse und in kleinen Messingkannen auf Holzkohle gekochter Kaffee war in bester Qualität zu bekommen. Das Angebot richtete sich an die vielen Helfer und pakistanischen Gastarbeiter, die in den Plantagen arbeiteten. Touristen sah man hier nur selten. Wir saßen im Schatten der Pistazien Bäume und genossen ein heiteres, unvergessliches Picknick. Über mehrere Pässe ging es vorbei an den wilden Schluchten und Berghängen bei Estahban, den Granatapfelgärten von Neyriz und durch die trockene Wüste von Sirjan und kamen nach Kerman. Ein wichtiges, vorgesehenes Ziel unsere Reise war hier die berühmte Stadt Bam. Eine Stadt ganz aus dem Lehm der umgebenden Wüste gebaut. Doch zwei Jahre zuvor hatte ein verheerendes Erbeben die Stadt fast völlig zerstört und ein zweites Beben ein Jahr später auch die bis dahin wieder aufgebauten Fertighäuser vernichtet. Für uns blieb die Ansicht auf riesige Lehmhaufen, die aus der Ferne nicht mal mehr als ehemalige Gebäude zu erkennen waren. Die Wüste hatte sich die Stadt zurückgeholt. Der Wind und das Wetter würden, wenn kein Wiederaufbau stattfände, im Laufe der Zeit alle Spuren verwehen, ohne Ruinen, ohne Trümmer zu hinterlassen. Selten habe ich Aufbau und Vergänglichkeit, Menschwille und Naturgewalt so hautnah gespürt wir hier vor den Resten der Stadt Bam.

Bam wurde als Weltkulturerbe mit internationaler Hilfe wieder aufgebaut.

*Die Neue Züricher Zeitung schrieb am 26. Dezember 2013:*

**Zehn Jahre ist es her, dass ein Erdbeben den Südosten Irans erschütterte und tausenden Menschen den Tod brachte. Die Folgen des Bebens vom 26. Dezember 2003 sind auch jetzt noch allgegenwärtig**

*Die genaue Anzahl aber weiß bis jetzt keiner. In der Stadt selbst herrscht wieder Normalität, nur wenig erinnert noch an die Verwüstungen durch das Beben. «Alles wieder aufgebaut, zu 100 Prozent», sagt stolz der Gouverneur von Bam, Hossein Sejnolsalehin. Mit staatlichen Darlehen zu günstigen Bedingungen von umgerechnet 612 Millionen Franken wurden 60 000 Häuser gebaut beziehungsweise renoviert. «Und alles erdbebensicher», versichert der Gouverneur.*
*Quelle: Neue Züricher Zeitung*

Weiter ging unsere Reise nach Kermānshāh. Ein unsicheres Gebiet nahe der irakischen Grenze. Im Irak Krieg durch die irakischen Truppen erobert, die sich aber 1988 wieder zurückzogen. Ein Pulverfass und während unserer Fahrt war nicht ganz klar ob wir bis Kermānshāh fahren dürfen oder ob unsere Exkursion in Hamadān endet  Wir durften weiterfahren. Unser erstes Ziel war  ein Heiligtum das  dem Zoroastrischen Gott Ahuramastra gewidmet war. Hier erwarte uns  eine  Überraschung,  nicht  unbedingt geschichtlicher  Art  aber  für  uns  doch „historisch". Das  Heiligtum lag  in einem gepflegten  Park  mit  Kinderplatz  und Kaffeehäuschen. Auf den Rasenflächen hatten junge Familien Picknick Decken ausgebreitet, auf denen sehr modisch gekleidete  junge Männer und  Frauen,  ohne  strikte  Trennung  der Geschlechter  saßen,  und  junge Eltern die mit ihren  Kindern  spielten. Ein  Bild  aus  einer anderen Welt. So war es auch. Diese meist jungen Menschen  waren  gutgestellte  Iraker, die dem heißen  Krieg  in  ihrer  Heimat  für  eine  Tag entflohen und  an den  stationierten Panzern vorbei, hinter die  Grenze in das Land des Feindes reisten um einen friedlichen Tag  mit der Familie zu verbringen. Visa gab es an der Grenze für US Dollar. Auch die Händler und Kaufleute sahen diese Kunden sehr gern, denn auch hier war  der US Dollar  bevorzugtes Zahlungsmittel.

## Im kurdischen Volkskunst Museum

Die kurdische Bevölkerung in der Region Kermānshāh ist sehr stolz auf seine Herkunft und Traditionen. Um diese den Menschen nahe zu bringen hatte eine Organisation in einem nahegelegenen Dorf, ein der kurdischen Volkskunst, gewidmetes Museum errichtet. Trachten und Musikinstrumente, wertvoller Frauenschmuck, Wohnungseinrichtungen und traditionelle Arbeitsgräte, alles was den Menschen in vergangen Tagen wichtig war, wurde hier zusammen getragen und liebevoll ausgestellt. Puppen in den farbenfrohen, aufwendig gewebten kurdischen Trachten der Frauen und Männer. Sie zeigten die unterschiedliche Bekleidung von der Bäuerin bis zur Dame. Vom Mädchen bis zu Braut und Ehefrau und ihre männlichen Gegenstücke, die ebenso aufwendig gearbeitet waren. Da es im Iran nicht erlaubt ist, Schaufensterpuppen mit weiblichen Attributen den Blicken besonders der Männer auszusetzen, hatten alle Puppen egal welche Tracht sie trugen männliche Attribute und auf jeden Fall einen Oberlippenbart. Das wirkte auf uns europäische Betrachter etwas skurril und löste Heiterkeit aus. Die Bewohner des kleinen kurdischen Dorfes, sein Name ist mir entfallen, waren aber besonders  stolz auf ihre Herkunft und hatten eine ganze Wand mit den Fotos ihrer Ur- und Ururgroßmütter und Väter an einer Wand ausgestellt. Alte und junge, hübsche  und weniger  gute aussehende Männer und Frauen, Eines hatten aber alle gemeinsam, wunderschönes,  tiefschwarzes,  schweres Haar mit  vollem  Haaransatz  und  --  einen Oberlippenbart. Die Männer  und  ebenso die Frauen.

## Das Esther Grab

Hamadān ist eine  Stadt mit ca. 500000 Einwohnern. Sie liegt an der schon seit dem Mittelalter wichtigen Handelsroute zwischen Bagdad und Teheran und ist umgeben von einem großen Obstanbaugebiet umgeben. Die Stadt beherbergt ein Kleinod. Die Gräber der biblischen Gestalten Königin Esther die Ehefrau des Perserkönigs Xerxes I. und ihres Adoptivvaters Mordechai. Für die immer kleiner werdende Gruppe iranischer Juden ist die Pilgerstäte ein besonderes Heiligtum, sie kommen, nicht nur zu Purim, hierher um in der kleinen Synagoge ungestört zu beten. Offiziell gilt im Iran Religionsfreiheit, aber immer mehr Juden verlassen das Land, sie haben aufgrund ihrer Religionszugehörigkeit große Schwierigkeiten eine Arbeit oder eine Wohnung zu finden.

Das Grab mit Synagoge  ist ein gedrungener Steinbau mit einem kleinen, sich nach oben verjüngenden Turm. Ein alter, gebeugter Mann schloss uns  Besuchern die schwere Eisentür auf und wir betraten, nachdem wir unserer Schuhe ausgezogen hatten den kleinen Synagogenraum.

Der einfach geschmückte Toraschrein an der Wand und zwei Stuhlreihen links und rechts das war alles. Eine Bima gab es nicht, aber die Teppiche auf dem Boden und ein schöner Leuchter gaben dem kleinen Raum doch etwas Erhabenes. In dem zweiten Raum standen die Sarkophage von Esther und Mordechai. Mit schweren Decken verhüllt, wie es vielfach auch für islamische Grabstätten üblich ist. Der alter Herr erklärte uns geduldig die ganze Geschichte des Heiligtums und als er merkte, dass mich dieser Ort nicht nur touristisch interessierte, sondern er für mich auch eine starke religiöse Bedeutung hatte, öffnete er für mich den Toraschrein und ich konnte eine Blick auf die Tora werfen. Beim Abschied umarmte mich der alte Wächter mit einem Segen, Ich war ein bisschen schockiert, denn eine Umarmung zwischen nicht verwandten oder verheiraten Paaren ist auch im hohen Alter im Iran absolut unzulässig und mit hoher Strafe bedroht. Aber das wohlwollende Lächeln der anderen Besucher und das Nicken unseres Guides zeigten mir, dass diese Geste völlig in Ordnung war.

Ebenfalls in Hamadān befindet sich die Grabstätte des großen orientalischen Mediziners, Astronom und Gelehrten Ibn Sina oder Avicenna genannt, gestorben um das Jahr 980 und in Hamadān begraben. Noah Gordon setzte Ibn Sina ein Denkmal in seinem Buch der Medicus, in dem er das Werk Ibn Sinas literarisch verwendete. Ein überlieferter Satz von Ibn Sina, dem ich mich voll anschließe, lautete *„Ich habe lieber ein kurzes Leben in Fülle als ein karges langes Leben"* Er selbst starb im Alter von nur 58 Jahren nach einem erfüllten, großartigem Leben.

Auf der Weiterfahrt aus dem kurdischen Gebiet in Richtung Shiraz in der Nähe von Mahabad kamen wir an einer Wiese, die vor einem kleinen Waldstück lag, vorbei. Um die vierzig junge Menschen, Frauen und Männer saßen dort im Gras, schwatzen und aßen Gebäck Wir hielten an und stiegen neugierig aus dem Bus, denn diese Gruppe war wirklich außergewöhnlich. Sie sahen nicht nur fröhlich aus in ihren bunten Kleidern, sie waren auch eine fröhliche Truppe. Als sie uns als Ausländer erkannt hatten, standen sie auf kamen auf uns zu und zogen uns in einen Kreis und begannen eine Dabke, einen typischen kurdischen Volkstanz mit uns zu tanzen. Nichttänzer wurden zu Saft und Gebäck eingeladen. Wir erfuhren, hier wird eine Hochzeit gefeiert. Nicht gerade auf der Wiese sondern im nahen Dorf. Freunde und junge Verwandte des Brautpaares waren mit gekommen um hier in der Ruhe der Natur die Hochzeitsbilder des jungen Paares anzufertigen. Erst jetzt erkannten wir einen alten Wohnwagen am Waldrand gut hinter den Bäumen versteckt. Man ließ uns durch die Fenster hinein spähen und wir sahen einen Bräutigam im dunklen Anzug mit Krawatte und Blumen am Revers und eine wunderschöne junge Braut im weißen europäischen Brautkleid mit Blumenkranz im Haar. Die Beiden saßen vor einer Fotowand und wurden gerade unter dem Pariser Eiffelturm fotografiert. Diese Hochzeitsfotos waren ein inniger Wunsch des Paares. So war man zusammen gekommen um diesen Wunsch zu erfüllen. Hier außerhalb des Dorfes kamen kaum Menschen vorbei, Musik und Tanz also ungefährlich. Es war von hier aus ebenfalls möglich die Straße so im Auge zu behalten, dass Kontrollen der Sittenpolizei sofort bemerkt werden konnten und die ganze tanzende

Gesellschaft saß wieder im Gras und machte ein harmloses Picknick. Wir wurden herzlich zur Hochzeitsfeier in das Dorf mit eingeladen, leider reichte unsere Zeit nicht. Es bleibt zu hoffen, dass in der Zukunft diese Versteckspiele nicht mehr nötig sind  und ein jedes Brautpaar die eigene Hochzeit so gestalten  kann, wie es  sich wünscht.

## *Die Süddeutsche Zeitung schrieb am 28. Juli 2015*

*Traum von Kurdistan*
*Zwar gehört ein Teil der etwa fünf Millionen Kurden im Nordwesten und Norden Irans - wie die Mehrheit der Iraner - dem schiitischen Glauben an. Doch zwischen beiden Gruppen gibt es große Spannungen. Erst kürzlich ist es in der Stadt Mahabad wieder zu Protesten der Kurden gekommen, die von der iranischen Regierung mehr Autonomie fordern. Mahabad war 1946 vorübergehend sogar die Hauptstadt eines Moskau-nahen kurdischen Staates, der "Republik Kurdistan". In der Vergangenheit ist es seitdem immer wieder zu Aufständen der Kurden gegen die iranische Regierung gekommen.*

*Es gibt drei wichtige kurdische Organisationen im Land: die schon lange existierende "Demokratische Partei des Iranischen Kurdistans" (DPKI) und sowie die Untergrundorganisationen Komala ("Gemeinschaft") und die PJAK ("Partei für ein(Freies Leben in Kurdistan"). Letztere gilt als Zweig der PKK und wurde erst 2004 gegründet. Mit ihrem bewaffneten Arm (YRK) kämpft die PKK gegen die iranischen Sicherheitskräfte in den kurdischen Gebieten.*

*Die Komala gibt es bereits seit 1967; nach der Revolution 1979 hatten ihre Anhänger vergeblich auf eine Zusammenarbeit mit dem Regime von Ayatollah Khomeini gehofft. Komala* kämpft im Nordwesten des Landes gegen d

## Shiraz die Rose Persiens.

Hier ruhen die Dichter Saadi, in einem heiter und eher zart wirkenden weißen Gebäude unter einer grünen Kuppel, und Hafiz in einem weißen schmalen Marmorsarkophark, inmitten einer typischen persischen Gartenanlage mit üppigen Blumenarrangements und Wasserspielen, Anlagen die seit der Antike Paradies genannt werden. Das Grab des Hafiz liegt in der Mitte des Parks unter einem zarten nach allen Seiten offenen, weißen Pavillons. Auf dem schlichten, schmalen Sarkophark liegen frische Rosen, die regelmäßig von Verliebten dort abgelegt werden. Der Park um die Dichtergräber ist eine Begegnungsstätte für die Shirazer. Hier trifft man sich, um zu sehen und gesehen zu werden. Ein wunderschönes junges Paar kam an mir vorbei. Der junge Mann ganz modern in Jeans und T-Shirt und die junge Dame trug einen hautengen weißen Anzug, darüber ein durchsichtigen schwarzen Schador, der ihre perfekte Figur nicht nur erahnen ließ, sondern mehr zeigte, als zu verdecken. Sie gingen Hand in Hand und plauderten miteinander und genossen, was ganz deutlich zu erkenne war, die bewundernden

Blicke der Menschen. Dem jungen Mann war der Stolz auf seine schöne Begleiterin anzusehen. Böse Blicke oder freche Bemerkungen gab es keine.

Die Rose ist in Shiraz überall gegenwärtig, es duftet in den Gärten nach Rosenblüten. An den üppigen Ständen mit Süßwaren nach Rosenwasser, Seife und Schönheitspflege nach Rosenöl. Eine Spezialität ist Rosenlimonade, eine Köstlichkeit für die ich mich immer mal wieder von meiner Gruppe, mit dem Versprechen ich bin gleich wieder da, verabschiedete und in das verwirrende Wegenetzes des unübersichtlichen großen Bazars eintauchte. Man musste nicht lange suchen, hinter jeder Ecke fand sich ein Stand mit den geliebten und gefürchteten persischen Süßigkeiten, Baslogh, Shirini Nokhodci, Bamieh, Gaz, gezuckerte Datteln und getrocknete Feigen und, und, und wie sie alle hießen. Ihre Kalorien nehmen ohne Umweg direkt auf der Hüfte Platz. Hier gibt es auch die gesuchte Rosenlimonade, gezuckerte Rosenblätter und noch viel mehr Süßes mit und um die Rosen. Gestärkt schlendert man danach weiter durch die Gassen des Bazars, vorbei an den unzähligen Angeboten in den Auslagen mit bunten und glitzernden Stoffen. Perlen, glitzernde Steine und Pailletten in allen Variationen. Ein wahres Paradies, besonders für orientalische Tänzerinnen wie mich. Die Stoffbahnen waren dicht an dicht über die Wände bis über die Decken gespannt. Ein farbenreicher Himmel aus edler Seide, Samt, Gold, Silber und Edelsteinen. Farbige Brokatstoffe und federleichte sündige Spitze in schwarz, Gold und rot. Alles in einer unüberschaubaren Fülle und hervorragender Qualität. Je mehr Stoffe ich berührte, anfühlte und verglich umso schwerer fiel mir die Kaufentscheidung. Meine Wahl fiel auf einen schwarzen Spitzenstoff der üppig mit farbigen Pailletten und Perlen bestickt war.

Ich ließ mich weiter treiben, verführt von den Düften die mich umfingen, eindringlich und süß, scharf und aromatisch Sie lagen schwer über dem Teil des Bazars, der Gewürze, Heil- und Schönheitsmittelchen in einer unglaublichen Fülle und Vielfalt anbot. Ein Schlaraffenland aus Tausend und einer Nacht.

## Wieviel Berberitze benötigt der Koch?

Unvermittelt traf ich auch zwei Damen aus meiner Reisegruppe. Zwei Lehrerinnen im Ruhestand, die genauso wie ich, die Welt schon vielfach bereist hatten. Sie waren auf der Suche nach Berberitze. Einer roten Beerenfrucht ähnlich einer Cranberry, die bereits in der Bibel, als Manna benannt, erwähnt ist. Berberitze wird in der persischen Küche zu Reis, Fleisch und Süßwaren, ja zu fast allen Gerichten gegeben
Die Beiden waren noch nicht fündig geworden und wollten noch weiter schauen. Ich schloss mich Ihnen an. Nur ein paar Ecken weiter und da war er. Ein Stand mit großen Säcken voll mit Berberitze Beeren. Dahinter ein Bild von einem Mann. Er war sehr groß gewachsen, hatte eine gute Figur und tiefschwarze an den Schläfen graumelierte Haare. Einen ebenfalls schwarzen und leicht graumelierten perfekt geschnittenen Bart und lebendige, Furcht einflößende , dunkle fast schwarze Augen. Mit denen er uns unverhohlen musterte. Über einer Salwa, eine Art Pumphose trug er ein blütenweißes Hemd mit roten Mustern am Kragenrand, um die Taille ein buntes Tuch und auf dem Kopf ein Tuch, das

zu einem kleinen, engen Turban gewunden war.
Ein Filmheld. Karl May hätte ihn in seinem Buch
„Durch die wilde Kurdistan" nicht besser
beschreiben können. Er hatte uns ja längst
gesehen und schon eine ganz Zeit beobachtet,
bevor er uns heranwinkte und mit etwas
Englisch nach unseren Wünschen fragte. Wir
waren verunsichert, antworteten nicht gleich,
berieten uns leise, wieviel Berberitze Beeren
benötigen drei ältere Damen aus Deutschland,
100g, 200g oder sogar ein halbes Pfund? Die
wachen dunklen Augen des Händlers wanderten
fragend von Einer zur Anderen. Wieviel Toman
würde uns wohl dafür berechnet, wieviel kostet
die für uns so seltene Köstlichkeit? Wir drei
blickten immer noch verunsichert abwartend,
als der Händler nach einer Holzschaufel griff, die
so ungefähr drei Kilo der Beeren aufnehmen
konnte. Er tauchte diese Schaufel in einen der
Säcke und hob damit so drei Pfund Berberitze
heraus, die er unverzüglich in eine Papiertüte
füllen wollte. Darauf folgte dreifacher Protest auf
Kundenseite." No Sir, please, too much, too
much". Verwunderter Blick und die Schaufel ließ
ungefähr die Hälfte seiner Fracht zurück in den
Sack gleiten. Fragender Blick zur Kundschaft?

Zaghaft, „It is too much for us!!!!"Noch einmal glitt eine weitere Hälfte und mit eindringlicher Stimme die Verkäufer Frage „Too much?" zurück in den Sack. Wir wussten gar nichts mehr. Der Händler leerte die Schaufel ganz aus und sah eine nach anderen mit seinen schwarzen, jetzt unserer Meinung nach, gefährlich leuchtenden Augen an und schlug mit der Schaufel rhythmisch in seine linke Hand und fragte mit fester, aber bedrohlich leiser werdender Stimme:" How much?" Wir wurden stumm und sahen verschüchtert zu ihm herauf. Hatte er nicht auch ein Messer oder kleinen Dolch in seinem Bund Tuch stecken? Ja, da steckte eine Krummdolch. Wir waren hier allein im unüberschaubaren Bazar. Was tun? Wir wollten weg. Dann drehte er sich aber um und nahm aus einem Regal drei kleinere Papiertüten füllte sie mit dem begehrten Gut und reichte jeder Einzelnen von uns eine, jetzt mit einem gewinnenden Lachen und einer kleine Verbeugung." Madam it is a little Present for you." Als wir bezahlen wollten und nach dem Preis fragten, winkte er mit gespielter Empörung ab. Erst jetzt bemerkten wir, dass wir in dieser Bazar Straße wohl die Hauptrollen in eine

Sitcom spielten. Fremde und Touristen kommen hier nur selten und noch seltener ohne Guide vorbei. Die Umherstehenden beobachteten schmunzelt wie wir ein Produkt in homöopathische Dosen kaufen wollten, das hier Grundnahrungsmittel und so preiswert ist, das es immer Kiloweise zu Pfennigbeträgen verkauft wird. Nachdem wir bemerkt hatten, dass wir hier die Attraktion waren und uns lachend bei unserem freundlichen Händler bedankten, das war er nämlich, ein freundlicher Mann der unsere Vorurteile ein klein bisschen ausgenutzt hatte. Wir wurden von den Umstehenden umringt und gefragt woher wir kommen und ob es uns im Iran gefalle. Man freue sich im Iran über die Gäste aus dem Ausland und wieder kam das Bedauern, man möge dieses verzeihen und nicht für unhöflich halten, dass meist ältere Besucher kommen und man sich wünsche es würden junge Menschen kommen. Wir konnten das gut verstehen, denn der Iran hat eine sehr junge Bevölkerung. Männer und Frauen sehr gebildet und aufgeschlossen. Leider durch politische Zwänge sehr eingeschränkt. Ich hoffe die Jugend wird zukünftig andere Wege gehen

185

und die Mauern auch in den Köpfen werden
endlich abgerissen
werden.

**Marokko**
**2017**
**Eine Einladung zur Hochzeit**

Nach sechzig  Jahren und  noch mehr Reisen zu nahen und entfernten Zielen in der Welt bin ich ein wenig reisemüde geworden. Das Fernweh hat ein wenig  nachgelassen und mein Zuhause erscheint mir immer mehr als  ein Hort der Ruhe und Zufriedenheit, in dem ich entspannen und mich fallen  lassen kann. Ich kann in meinem eigenen  Bett schlafen, kann  kochen und essen wonach es mich gelüstet. Das Wetter ist auch hier bei uns beständiger geworden oder erscheint uns vielleicht nur so? Möglich.
Eines  Tages rief mich meine Freundin Amal an und fragte mich in ihrer liebenswerten, aber unnachahmlichen indirekten, arabischen  Art, „Weißt  du eigentlich wie schön meine Heimat ist? Amal ist in Marokko geboren, lebt aber schon seit fast 30 Jahren in Deutschland. *Dort ist immer* Sommer die Sonne scheint und das Essen, ja das Essen ist ein Gedicht. Immer superguter Fisch frisch aus dem Meer und Couscous!!!". Ich überlegte, was diese Fragen zu  bedeuten hätten, denn Amal weiß ja, dass ich in der ganze Welt

unterwegs war und Vieles gesehen habe. Aber Alles kann kein Mensch bereisen. Also ich kannte Marokko noch nicht. Warum eigentlich nicht? Ich kramte in meinen Erinnerungen. Der Nahe Osten, Tunesien, Libyen, Ägypten alles gesehen. Ich antwortete ihr, „nee kenn ich nicht und so leid es mir jetzt tut, ich werde wohl auch nicht mehr hinfahren". Ich hatte mir in den letzten Jahren vorgenommen nicht mehr in den Orient zu reisen. Die politischen Verhältnisse hatten sich so dramatisch verändert, dass es mir das Risiko zu groß erschien und in einem Krisen- oder Kriegsgebiet macht man auch nicht gern Ferien. Aber Amal redete weiter. „Ich sehe schon du willst unbedingt hin! Das passt gut, denn mein kleiner Bruder heiratet endlich und ich würde gern dabei sein. Die Kinder bleiben Zuhause und ich will nicht allein fahren, hast du Lust mit mir dahin zu fliegen"? Ich war etwas überfordert, denn die Reise sollte schon in drei Wochen stattfinden. Ich bat sie mir einen Tag Zeit zu geben, um das Angebot zu überdenken und mit Herbert meinem Mann Rücksprache zu nehmen. „Du benötigst kein Hotel, denn wir wohnen bei meiner Schwester Zohra, die hat ein großes Haus und sie weiß schon Bescheid, dass du mit kommst, du bist herzlich eingeladen. Wir fliegen mit Ryan Air, der Flug ist nicht teuer und alles anderes auch nicht. Bitte komm mit".

Herbert war natürlich wieder keine große Hilfe. „Seit wann werde ich gefragt? Fahr doch mit, wenn du möchtest, ist doch o.k., du bist es ja gewohnt in der Wüste zu überleben und einen Platz in einer Herberge bei Ochs und Esel werdet ihr schon finden". Nach einer weiteren Nacht rief ich Amal an und sagt mit der Bitte zu, dass sie einen Flug für mich mit bucht und ich, außer meiner Kosten, nicht weiter organisieren muss. Alles Weitere lag in Amals und Houris, Amals erwachsen Tochter, Hand. Ich würde mich aber um keine Planung kümmern, dazu hatte ich keine Lust, ich würde alles auf mich zukommen lassen und die Reise ganz relaxt einfach nur genießen, egal was uns bevorsteht. Ich wusste nicht einmal in welche Stadt und unsere Reise führt.

Houri buchte unsere Flüge nach Qujda. Ich hatte zuvor nie von dieser Stadt gehört und als Uwe mein Sohn mich einmal anrief, ich hatte ihm schon von meiner Reise erzählt, wies er mich darauf hin, dass diese Stadt nicht in den bekannten Urlaubsregionen an der Küste von Agadir, Marrakesch oder Casablanca liegt, sondern im äußersten Osten des Landes direkt an der Algerische n Grenze. Es gab einen kleinen Reisehinweis auf der Internetseite des Auswärtigen Amtes, dass hier Vorsicht geboten sei, da Marokko mit Algerien im Konflikt stünde. Was soll es, meine verloren geglaubte Abenteuerlust flammt erneut auf. Das wird ein Abenteuer. Ich freute mich sehr auch die Reise.

Beim Packen und zurechtlegen meiner Papiere über kam mich ein heißer Schauer. Ich war in letzter Zeit, außerhalb Europas nur in Israel unterwegs gewesen. Mein Pass war noch hinreichend gültig, aber meine letzten Stempel hatte ich in Israel erhalten, bevor man dort dazu überging, die Stempel auf einem Extrablatt zu drücken, das dann nur in den Pass gelegt und bei der Ausreise wieder entnommen wird. Viele arabische Länder verweigerten dem Gast die Einreise mit einem solchen Stempel. Jahrelang hatte ich darum immer zwei Reisepässe, einen für meine zahlreichen Reisen nach Israel und einen Weiteren für die Welt, die es immer noch nicht noch nicht gern sieht, dass manche ihrer Besucher sich auch in Israel wohlfühlen. Dieser „

Welt Pass" war abgelaufen und die Zeit reicht nicht um einen neuen zu beantragen. Was tun? absagen? Nein ich würde es riskieren. Im schlimmsten Fall lehnte das muslimische Land meine Einreise ab und ich würde zurück geschickt. Oder drohen mir dafür etwa Arrest oder Schlimmeres? Mein Online Suche ergab keinen Aufschluss und auch unser Auswärtiges Amt hatte dazu keine Meinung Ich verschob also diese unschönen Gedanken. Wird schon schiefgehen.

Am Abreisetag holten mich Amal und ihre weitere Tochter Kami sehr früh am Morgen mit dem Auto ab und wir fuhren zu dem kleinen Flughafen Weeze am Niederrhein. Bei der Kontrolle wurde die hausgemachte Erdbeermarmelade, die ich als Gastgeschenk mitnehmen wollte, bemängelte und ich musste sie zurück lassen. Schade.

Der Flug war ausgebucht, die Warteschlage lang. Viele Menschen freuten sich in ihre Heimat zurück zu fliegen, um ihre Familie zu besuchen oder kamen von geschäftlichen -oder Familientreffen in Deutschland und freuten sich auf ihr Zuhause. Dank Houris vorrausschauender Buchung mussten mir nicht in der Schlage warten und waren schnell in der Abflughalle. Bei einem Kaffee hatte ich endlich Zeit mir Amal genau anzusehen. Sie sah toll aus, auch im Alltag eine schöne Frau, hatte sie für den Familienbesuch noch eine Schaufel draufgelegt, schicke Kleidung , perfektes Make Up  und Highheels,  auf denen sie tapfer aushielt obwohl ihre Füße sicher schon um Hilfe schrien. Gepäck hatte sich nicht viel mit. Amal erzählte mir, dass sie sich für die Hochzeit in Marokko zwei Kleider hatte anfertigen lassen und hoffte sehr, dass alles fertig sein würde, wenn wir sie  morgen abholen. Ich kannte diese Marokkanischen  Abendkleider, schlicht    Kaftan    genannt,    schon    von Hochzeitseinladungen  hier in unserer  Region. Alle Frauen, unabhängig von Alter und Figur sahen darin bombastisch aus. Ich sagte Amal, dass ich gern mal so einen Kaftan anziehen würde. Sie freute sich und erklärte, man kann diese Kleider leihen, wir werden für die Hochzeit eines für dich  finden.

Zum erstmal in Marokko

Der Flug war unspektakulär und  ging schnell vorbei, wir landeten nach drei Stunden auf einem kleinen Flughafen mitten in der freien Natur. Jetzt kam die Passkontrolle und mir war etwas mulmig. Amal ging vor mir und als ich an die Reihe kam, lächelte mich aus dem Kontrollhäuschen ein fröhlicher älterer Herr an und begrüßte mich herzlich mit *Welcome to Marocco.* Mein Pass wurde mir unbeanstandet zurückgegeben der Zollbeamte nahm sich noch die Zeit uns Beiden einen schönen Aufenthalt, gute Gesundheit und gutes Wetter zu wünschen, dann waren wir am Ziel. Später erfuhr ich, dass meine Sorgen ganz unbegründet waren. Marokko und Israel stehen sich nicht feindlich gegenüber, sie pflegen einen freundlichen, kulturellen und wirtschaftlichen Austausch miteinander. Ja klar die vielgelobten Jaffa Orangen kommen ja seit Jahren aus Marokko und ich habe wieder etwas Positive s hinzu gelernt.

In der fast leeren Ankunft Halle versuchte Amal ihre Schwester Zohra zu entdecken, fand sie aber nicht. Die großzügig aufgestellten Sitzgelegenheiten waren unbesetzt, alles wirkte ein wenig leblos. Es befanden sich kaum Menschen in der Nähe, Ich sah mich etwas genauer um und hoffte wieder, dass meine Entscheidung richtig war mit zu kommen, dann entdeckte Amal ihre Familie auf dem Parkplatz vor der Ankunft Halle. Wir erfuhren, dass es seit

193

paar Tage verboten war, das Flughafengebäude ohne Flugticket zu betreten. Die Ankunft Halle war für Gäste, Abholer und Besucher gesperrt. Das Café, die Saft-Bar und kleine Geschäfte geschlossen. Die Angst vor dem internationalen Terror treibt auf der ganzen Welt seltsame Blüten.

Zohra und ihr Ehemann begrüßten uns sehr herzlich, ich hatte sofort ein gutes Gefühl, die Beiden waren mir sofort sympathisch. Nicht nur Amal, auch ich wurde hier von der Familie abgeholt und nach Hause gebracht. Der Flughafen liegt zwar außerhalb der Stadt, der Weg ist aber nicht weit, ca. 20 Minuten mit dem Auto. Über eine neue Autobahn ging die Fahrt sehr schnell in Richtung Stadt. Am Straßenrand reihte sich bald Geschäft an Geschäft und Werbetafeln wiesen auf die internationale Bedeutung Oujdas hin. Alles was wir im europäischen Geschäftsleben kennen, war hier auch schon längst vertreten. Nach dem der Schwager erfahren hatte, dass ich zum ersten Mal in Marokko bin, nahm er sich die Zeit und fuhr ein paar Umwege durch die Stadt und mir einen Eindruck von ihr zu vermitteln. Oujda ist ein der großen Städte in Marokkos, Banken und internationale Unternehmen haben hier ihren Sitz. Die Stadt selbst ist jung. Es gibt die verschiedensten Schulen und eine Universität. Das Stadtbild ist geprägt von jungen Menschen, die so gar nicht dem Bild entsprechen, dass wir von Nordafrika haben. Jungen Frauen und Männer westlich gekleidet, studieren und arbeiten hier. Sie kaufen in modernen Läden und treffen in den angesagten Cafés der Stadt. Die Gebäude im Zentrum sind modern und gepflegt. Etwas außerhalb und in den kleinen Nebenstraßen bröckelte das Bild doch schon ein klein wenig. Die Straßen sind vielfach nicht gepflastert und die Gebäude älter und traditionell gebaut. Aber Slums oder nackte Armut traten auch hier nicht offen zutage. Der Kampf ums tägliche Überleben ist in Marokko unheimlich schwer. Jeder ist für sich selbst verantwortlich, staatliche Hilfe gibt es Keine. Eine gute Ausbildung ist die wichtigste Grundlage für einen soliden Status. Wer diese nicht vorweisen kann, hat in Marokko keine Chance. Mir wurde immer wieder gesagt, dass man froh sei die Schicht der Ungelernten, der Bauern und Analphabeten aus dem Land in Deutschland zu wissen, wir sollen sie behalten und auf keinen Fall zurückschicken. Deutschland sei ja reich und könne doch diese Menschen versorgen!!! Nur vereinzelt kam der Gedanke, dass man auch sein kleines Wirtschaftswunder verlieren könnte, wenn Europa diese Armutszuwanderung nicht mehr stemmen kann und man sich im eigenen Land mal Gedanken über ein neues, eigenes soziales System machten müsste.

Ich habe einen sehr guten Orientierungssinn und hatte längst bemerkt, dass wir nicht den direkten Weg genommen hatten, eine kleine erste Stadtführung mit inbegriffen. Letztlich bog Schwager aber doch eine ruhige Seitenstraße ein und parkte das Auto, vor einem etwa mannshohen Zaun, am Straßenrand. Wir stiegen aus überquerten die Straße und standen vor einem geschlossen Eingangstür. Nach dem Betätigen der Gegensprechanlage, öffnete sich die Eingangstür und wir standen in einem üppigen Vorgarten. Zwischen Hibiskus und Bougainvillea verbarg sich hinter dem Zaun und eine hübsche kleine Stadtvilla. Amals Familie geht es gut. Ihre Geschwister und deren Kinder haben alle, Jungen und Mädchen, eine gute Ausbildung und eine Arbeit. Ihre Schwester

Zohra bei der wir zu Gast waren, hat Jura studiert und ist jetzt Mitarbeiterin in einer Bank. Ihr Schwager hatte auch in einer gehoben Position gearbeitet und genoss jetzt seinen Ruhestand. Die Tochter ist bereits aus dem Hause und lebt mit ihrem Ehemann und der kleinen Enkelin in einem eigen Haus in der Nähe der Eltern. Der erwachsene, noch unverheiratete, Sohn ist ebenfalls bereits in eine eigene Wohnung umgezogen, hat aber noch ein Zimmer im Hause der Eltern und genießt noch die Bequemlichkeiten im Hotel Mama. Den Eltern ist das recht, denn so wird es nie langweilig in dem großen Haus.

Nachdem wir angekommen und uns frisch gemacht hatten, führte uns Zohra schon in eines der angrenzenden Wohnzimmer, dem orientalisch marokkanischen, an den Wänden die typischen Sofas und Kissen und zwei großen runden Tischen sie auf Rollen an die Sofas herangezogen werden und für das bequem Essen genutzt werden. Es gab in diesem Haus auch ein europäisches Wohnzimmer mit Ledergarnitur, Stehlampe und Couchtisch. Ich fühlte mich in dem orientalischen Zimmer viel gemütlicher, hier war ein opulentes Frühstück für und hergerichtet. Mit frischem Brot, süßem Gebäck, Eier Honig und von allem was noch dazu gehört. Wir waren noch so müde und konnten gar nicht so viel essen, wie es sich höflicherweise gehört hätte.

Nach dem Frühstück zogen wir uns in unsere Schlafräume zurück. Für mich stand das frühere Mädchenzimmer der Tochter bereit. Ein schöner, großer, ruhiger Raum. In der Mitte stand ein französisches Bett und im über dem zierte eine große Stuckrose mit einer Lampe die Decke. Mit dem Blick auf die Stuckarbeit über mir schlief ich sofort ein, und wachte erst auf als Zohra vorsichtig an meine Tür klopfte und mich weckte, Ich hatte sehr gut geschlafen und war ausgeruht, das erwies sich als gut, denn der Tag hatte erst angefangen. Beim Kaffee saßen wir nun noch in gemütlicher Runde beisammen und Amal sprach mit ihrer Schwester über die Kleider die an den Festtagen getragen werden sollen. Eines hatte sie im Internet bestellt und nach ihren Angaben anfertigen lassen und sie erwartete die Zusendung am nächsten Tag per Post. Das zweite Kleid für den feierlichen Hochzeitstag lag bereits in einem Modegeschäft in der Innenstadt zur Anprobe bereit. Es war für sie maßgefertigt und Amal freute sich ihren megasuper Auftritt. Der Familie sollte der Atem stocken und vor die Neid die Sprache verschlagen. Im arabischen Kulturkreis gilt es bei Hochzeiten vielfach, entgegen unseren Vorstellungen, dass jede Frau bei der Feier tausendmal schöner sein soll als die Braut. Dem Bräutigam sollen Zweifel kommen, vielleicht wäre eine andere Wahl besser gewesen. Außerdem will man, wie hier im Fall meiner Freundin, der fernen Familie zeigen, dass man es im Ausland „geschafft" hat, egal um welchen Preis. Ich wurde nach meiner Kleiderauswahl befragt. Ich hatte mir drei schicke, aber unauffällige Kleider eingepackt, für jedes Event ein anderes. Bei der Ansicht wurden alle für geeignet befunden. Trotzdem gestand ich, dass ich nach ein paar Hochzeiten, zu denen ich schon eingeladen war und die aufwendigen marokkanischen Kleider gesehen hatte, dass ich sehr gern auch einmal so ein Prinzessinnen Kleid tragen möchte.

Henna Abend für die Braut

Am Abend fand nämlich bereits der Henna Abend statt. Die Familie der Braut lud zu einem Fest ein, um die Tochter zu verabschieden. Amal und ich hatten uns schick gemacht und fuhren mit Schwester und Schwager zum Haus der Brauteltern. Auf einem freien Platz war ein orientalisches Zelt aufgebaut, in dem eine Art Thronsessel für die Braut bereit stand. Die Gäste nahmen an runden Tischen Platz. Vor dem Haus war von Hauswand zur genüberliegenden Hauswand war das ein Zelt aufgebaut das meterlang dem Straßenverlauf folgte. Die Haustüren den Nachbarn warn zugstellt und diese konnten ab einem bestimmten Zeitpunkt nicht mehr in ihre Wohnung und mussten sich einen anderen Aufenthaltsort suchen oder mitfeiern. Die Meisten hatten sich für letzteres entschieden.

Wir betraten das Zelt nachdem wir unsere Hände unter Wasserkannen gewaschen hatten, die uns von jungen Mädchen angereicht wurden, um danach an einen der runden Tische geführt zu werden an dem wir in der Runde der Frauen Platz nahmen. Die Musik war laut und die Stimmung gut. Langhalsige, archaische Trompeten, so stelle ich mir die Trompeten von Jericho vor, kündigten von der Ankunft der Braut. Sie nahm auf einem Thron in der Mitte des Zeltes Platz. Nachdem alle genügend gejubelt und gratuliert wurde das Essen aufgetragen. Große Platten mit Fleisch und Gemüse. Besteck gab es keines, man isst in Marokko mit der rechten Hand. Trotzdem gibt es Tischsitten. Jeder nimmt nur aus dem Bereich direkt vor seinen Augen. Das Grabschen nach dem Braten des Nachbarn oder vermeintlich besseren Stücken, ist mehr als unhöflich. So ist das Ganze auch hygienisch kein Problem, denn für die Sauberkeit seiner Hände ist jeder selbst verantwortlich.

Nach dem Essen kam eine junge Frau zu uns und malte uns ein wunderschönes Henna Tattoo auf die Hände. Dann wurde weiter getanzt und mit der Braut Fotos gemacht. Am frühen Abend endete diese Feier.

Familienabschied für den Bräutigam

Der nächste Tag war dem Bräutigam vorbehalten. Seine Familie lädt ebenso Familienmitglieder und Freunde in das Zelt vor dem Haus des Bräutigams ein. Am frühen Nachmittag trafen sich hier die Frauen zu Tee und Kuchen, danach die Männer zum Gebet.

Ein wundervoller Tag und eine Begegnung am Meer

Einen Tag wollten wir aber unbedingt am Strand verbringen, zum Baden noch etwas kühl aber die Sonne schien verführerisch und natürlich schmeckt der Fisch am besten am Meer. Wir kehrten in einem einfachen Fischrestaurant am Strand ein. Nachdem wir die frischen Fische in der Auslage begutachtet hatten, bestellte Amals Schwager die von uns ausgewählten Fische und Meeresfrüchte, dazu für jeden eine Kanne frischen Pfefferminztee.

Es dauert eine Weile, aber nicht zu lange und ein Junge kam mit einer rieseigen Platte aus der Küche auf der unsere Auswahl frisch gegrillt umgeben von Beilagen aus frischen Gemüse angerichtet lagen. Dazu wurde uns ein herrliches, noch warmes Brot gereicht. Mit dem man typischer Weise seine Mahlzeit von der Platte nimmt, denn Besteck gab es auch hier nicht. Wäre auch überflüssig gewesen, denn es gibt nicht Schönes als Krabben und Shrimps direkt aus der Schale in den Mund zu stecken und zu genießen. Alles schmeckte herrlich und wir waren nach dem Essen so schläfrig, dass wir es uns am Strand unter einem Sonnenschirm gemütlich machten und dazu einen arabischen Kaffee genüsslich langsam schlürften. Bis Amal plötzlich über beide Ohren  lachend, aufsprang und auf einen sehr hübschen jungen Mann zusteuerte. Sie sprachen eine Weile miteinander und machten dann Selfies. Zohra  Amals Schwester ist sehr konservativ und so verriet ihre Miene nicht gerade Freude über dieses Benehmen der kleinen Schwester. Sie fragte mich, ob ich wisse  wer das sei. Ich wusste es nicht und wollte gerade das Selbe  fragen. Da kam Amal auch schön glücklich strahlend zurück und erklärte, dass dieser junge  Mann ein, in der arabische Community im Ruhrgebiet, sehr bekannter Pop Sänger sei und sie dieses Selfie unbedingt für ihre  Töchter schießen musste. Na ja bei dem strahlenden Gesicht  war das Foto sicher nicht nur für die Töchter. Ihre Freude war auch groß, als wir auf dem Parkplatz an drei BMW der oberen Klasse vorbeifuhren und die Insassen winkten und lachten, jedes Fahrzeug hatten  übrigens  ein  Gelsenkirchener Kennzeichen. So klein ist die Welt.

## Eine Sonnenmarkise und die Hand Gottes

Ein Vormittag war für den Bazar vorgesehen. Geschenke für die Kinder zu Hause, ein hübscher Anzug für den kleinen Yasin wurde gefunden, er würde in ein paar Wochen seiner Beschneidung entgegen sehen. Taschen, Schuhe Gewürze alles stand auf dem Einkaufzettel. Natürlich auch die aufwendigen marokkanischen Kaftane konnten hier für eine Hochzeitsfeier ausgeliehen werden. Für mich wichtig, denn ich wollte unbedingt auch so schön aussehen wie die anderen Damen.

In einem Geschäft an der Bazar Straße wollte unsere kleine Gruppe noch einmal nach Uhren schauen. Im Landen selbst war es zum Ersticken heiß. Ich hatte eigentlich schon genug von der Einkaufstour und blieb draußen vor dem Geschäft an der Luft, frische Luft war es auch nicht gerade an der vielbefahrenen Straße, aber unter der großen Schaufenstermarkise vor der Sonne geschützt, ließ es sich aushalten. Ich beobachtete die vorbei hastenden Menschen, das Gewirr der hupenden Autos auf der Fahrbahn, als mein Blick auf einen Straßenverkäufer fiel welcher Geldbörsen anbot. Da ich gerade eine benötigte, machte ich einen Schritt vorwärts auf den Händler zu, als in derselben Sekunde die Schaufenstermarkise mit lautem Krachen auf den Gehweg knallte. Wo ich gerade noch, vor einem Wimpernschlag, gestanden hatte lag jetzt eine schwere Stahlstange. Ich habe das gar nicht so schnell mitbekommen, bis ich das Kreischen und Schreien aus dem Geschäft hörte und meine Familie heraus gerannt kam und sich nicht einkriegen konnte. Amal war ganz blass und ihre Schwester war einem Herzinfarkt nahe und man musste ihr einen Stuhl bereitstellen und Luft zufächeln. Das allerschlimmste für die Beiden war meine Ruhe und mein Gleichmut. Ich fand die Situation gar nicht so dramatisch, war ja nichts passiert. Ja, es stimmt, ich hätte schwerverletzt oder sogar tot sein können, aber wer entscheidet das. Wieder einmal hatte mein Schutzengel hervorragende Arbeit geleistet und wenn er diesmal nicht so aufmerksam gewesen wäre, wenn es sein soll wird es geschehen.

Aber nach diesem Intermezzo ging es endlich wieder nach Hause und ich durfte mich unter der Obhut von Zohra von meinem „fürchterlichen Schrecken" erholen und wurde, natürlich unverdient, verwöhnt.

Eine Märchenhochzeit aus Tausend und einer
Nacht

Der Tag der Hochzeit selbst war für mich
entspannt. Amal besuchte ihre weitläufige
Familie und würde mit den anderen Schwerstern
erst abends zu uns stoßen. Ich hatte lange
geschlafen und dann ein herrliches Frühstück
genossen, Zohra hatte es für mich und Ihren
Ehemann schon fertig vorbereitet. Sie selbst war
bereits früh in ins Büro gefahren. Ihr Mann,
schon Rentner, kochte für uns Beide frische
Kaffee und so saßen wir zwei gemütlich hier
herum, unterhielten uns so gut es ging in
französischer Sprache und hatten überhaupt
kein schlechtes Gewissen, dass wir uns ja
unverdienter Weise von der arbeitenden Familie
verwöhnen ließen.

Nach dem Frühstück setzte ich mich in dem
schattigen Innenhof auf einen bequemen
Gartenstuhl und las in meinem Buch.

Der Innenhof war herrlich, ganz mit Fliesen in
Gelb, blau und weiß gemustert ausgekleidet und
mit den mit den typischen marokkanischen
Dekors. Blüten, Ranken und geometrische
Muster geschmückt. Von jeder Etage des Hauses

aus konnte man von einer Veranda in den Hof hinab oder hinauf sehen.

Obwohl das Haus über eine Klimaanlage verfügt, befindet sich im Souterrain die Sommerwohnung der Familie. Hier vor Sonnenlicht und extremer Hitze geschützt, kochen, leben und schlafen die Eltern während der heißen Monate. Auch aus dieser Sommerwohnung gibt es einen Ausgang in den Innenhof. Auf dieser Ebene ist der der Innenhof ein Garten, die Pflanzen wachsen in die Höhe bis zur oberen Etage. Die Pflanzen sorgen für ein angenehmes Klima. Ein muschelförmiger Brunnen an einer der Hauswände spendet Wasser und beruhigt den Zuhörer durch sein leises Plätschern. Hier kann man Welt draußen vergessen.

Am späten Nachmittag kam Amals Nichte und holte uns ab, wir waren in einem Beauty Salon angemeldet und wurden dort in Empfang genommen und getrennt in verschieden Räumen verbracht und auf eine Liege gezwungen. Die allerdings so bequem war, dass man nicht mehr gern aufstehen wollte. Eine der sehr hübschen, jungen Damen begutachtete mich intensiv und fragte dann erst in französischer Sprache, ich verstand nur Bahnhof, bis sie beiläufig fallen ließ, dass ihre Familie in Belgien lebt. Dann war es einfach, wir verständigten uns mit niederländisch. Ich erklärte, wie ich gern aussehen würde, auf jeden Fall Katzenaugen, die müssen sein. Sie nickte höflich, schauen wir mal was sich machen lässt und fing begann an mir zu spachteln. Nach einer Reinigung des Gesichtes trug sie mit einem Quast ähnlichen Pinsel eine cremeartige Masse auf und verteilte sie großzügig, es fühlte sich sehr gut an und ich schloss die Augen und genoss die Prozedur bis ich an gesprochen wurde, „ Alsjeblieft ok de Wimpers mijn vrouw". Es waren mehr als zwei Stunden vergangen und ich war fast fertig. Nachdem die Wimpern noch angebracht waren, konnte ich mich im Spiegel bewundern und war sprachlos. Man soll sich ja selbst nicht loben, aber ich sah so toll aus. Das Gesicht makellos wie Porzellan und Katzenaugen wie ich sie gewünscht hatte, aber das Lob galt ja auch nicht mir sondern der jungen Dame, die mich hergerichtet hatte. Ich war begeistert. Jetzt noch frisieren und uns gegenseitig bewundern, denn meine beiden jungen Begleiterinnen sahen umwerfend aus. Dann Sonnenbrille auf und mit dem Taxi nach Hause. Es dämmerte bereits aber die Sonnenbrillen mussten sein, denn die marokkanischen Männer haben keine Scheu, jede aber auch jede Frau zu belästigen, die sich irgendwie dafür geeignet scheint. Unser auffälliges Makeup hätten diese Kerle als Einladung betrachtet. Hier bekommt das Märchen einen kleinen Riss.

Gestylt und in unsere aufwendigen festlichen Kaftane gekleidet ging es mit dem Auto zu dem Hochzeitssaal in dem die Feier stattfinden würde. Eine ganze Straßenzeile mit den verschiedensten Hochzeitssälen für jeden Geschmack, Wunsch und Größe liegt am Rande von Qujda. Wir hielten vor einem sehr pompösen Gebäude und stiegen am Rande des roten Teppichs aus. Jeder von uns wurde mit einem Getränk begrüßt und am Ende des roten Teppichs fotografiert. Ein bisschen Hollywoodfeeling kam bei uns auf. Der Saal war üppig und opulent ausgestattet wir wurden an unseren Platz zur Familie des Bräutigams geführt. Das Fest hatte begonnen. Das Brautpaar tauschte währende des Abends viermal die Kleidung und erschien traditionell, westlich und in regionaler und marokkanischer

Hochzeitskleidung vor den Gästen und wurde der Kleidung entsprechend gefeiert. Marokkanisch mit dem Tragen von Braut und Bräutigam in goldenen Körben, bis zum westlichen Ringtauschen und Torte anschneiden. Währende der verschiedenen Zeremonien spielte ein Band arabische und westliche Musik und alle Gäste tanzten war das Zeug hielt.

Gegen 2.00 Uhr verabschiedete sich das Brautpaar und verließ die Feier, die Hochzeitsgesellschaft löste sich auf. Amal und ich zogen uns um, unsere Kaftane blieben zurück und wir wurden von drei jungen Männern, Amals Neffen, direkt zum Flughafen gefahren und 6.00Uhr Abflug nach Deutschland. Wir hatten noch reichlich Zeit, aber unserer Begleiter durften das Flughafen Gebäude nicht betreten und so verabschiedeten wir uns und betraten allein die noch völlig leere Abflughalle. Die erste Stunde verging im Gespräch und der Rückschau auf das gelungene Fest. Dann überkam uns die Müdigkeit mit voller Macht. Ich hatte am Tag zuvor ja ausrechend Ruhe und Schlaf tanken können. Amal leider nicht. Sie hatte jede Sekunde des Besuches in ihrer Heimatstadt ausgenutzt um einzukaufen, Freunde und Verwandte zu besuchen. Schlaf war nicht vorgesehen. Langsam füllte sich die Halle und der CheckIn Schalter öffnete, unsere Koffer gingen schon mal voraus. Im Transitraum gab es frischen Kaffee und leckere Croissants, dann hieß es warten bis unser Flug aufgerufen wurde. Amal setzte sich auf einen Stuhl und legte den Kopf auf ihren Schoß, nur eine bisschen entspannen, und Schwupps war sie fest eingeschlafen. Sie blieb in dieser für den Zuschauer erstaunlichen Haltung mehr als eine Stunde. Es kam kein Mucks, keine Bewegung. Nichts. Ein kleines Mädchen beobachtete uns, wohl eine wenig erschreckt über diese seltsame Dame. Sie fragte ihre Mutter leise. „Was macht die Frau denn da, geht's ihr gut"? Die Mutter blickte kurz zu uns rüber und sagte nur „Beten"! und damit war alles gesagt.

Die Reise geht weiter!

# Epilog

Liebe Leserin, lieber Leser!

Noch auf ein Wort.

Dieses Büchlein beruht auf meinen eigenen Erinnerungen. Es kann und soll kein Reiseführer für heutige Reisen sein.

Es beschreibt die Orte, wie ich sie zu der jeweiligen Zeit meines Aufenthaltes, erlebt und gesehen habe.

Vieles hat sich in 60 Jahren verändert, aber die Ziele sind noch genauso schön und jede Reise ist ein neues Abenteuer.

Ich wünsche ihnen, für ihre Reise alles Gute und eine gesunde Heimkehr.